ALEXANDER POINTNER / ANGELA POINTNER

Aufwind

Liebe Birgit

Viel Aufwind in allen Lebenslagen

&

ALEXANDER POINTNER

und

ANGELA POINTNER

Aufwind

Seifert Verlag

Umwelthinweis:
Dieses Buch und der Schutzumschlag wurden auf chlorfrei gebleichtem Papier gedruckt. Die Einschrumpffolie – zum Schutz vor Verschmutzung – ist aus umweltverträglichem und recyclingfähigem PE-Material.

1. Auflage

Umschlaggestaltung: Markus Haralter, Union Wagner
Umschlagfotos: © BIZCOMBURNZ/3milespictures
Druck und Bindung: CPI books GmbH, Leck
ISBN: 978-3-904123-08-2

Inhalt

Für unsere Kinder

Einleitung

Was in Krisenzeiten zur Tragfläche wird – so könnte ein Untertitel zu diesem Buch heißen. Die Tragfläche, ein Flügel – neben dem »Aufwind« eine weitere Hommage an das Skispringen. Jenem Sport, in dem mein Ehemann und Mitautor, Alexander Pointner, als Trainer über Jahrzehnte so erfolgreich war. Diese Zeit liegt gefühlt eine Ewigkeit zurück, denn sie lag vor dem großen Schicksalsschlag, der unsere Familie traf. Ein Kind zu verlieren, ist das Schlimmste, was Eltern zustoßen kann, heißt es. Und doch gibt es für jedes Leid noch Steigerungsstufen, und auch »kleinere« Krisen können Menschen aus der Bahn werfen. Wir wollen hier berichten, wie es uns gelang, einen Weg zu finden zurück zum Glück. Wir führen kein durch und durch glückliches Leben, Tod, Trauer und auch Depressionen begleiten uns nach wie vor. Auch die Angst vor weiteren Verlusten lässt sich nicht abschütteln. Doch wir führen ein geglücktes Leben, das in vielerlei Hinsicht freier und erfüllter ist als vor diesem Tag X, der fast alles veränderte.

Den Aufwind nutzen – das versuchten schon Alex' Skispringer, als er noch Cheftrainer beim Österreichischen Skiverband war. Wohl wissend, dass diese Phase, in der mit ein bisschen Wind von unten alles unendlich leichter wird, schnell wieder vorbei sein kann. Dieser Vergleich mit jener Sportart, die unser aller Leben über so lange Zeit maßgeblich beeinflusst hat, zeigt auch: nach der Krise ist vor der Krise. Das Leben ist ein Auf und Ab. Nur weil man einen schweren Schicksalsschlag gemeistert hat, ist man nicht vor einer weiteren manifesten Krise gefeit. Und wenn eine akute Krise vorbei ist, heißt das noch lange nicht, dass mit einem Schlag alles beim Alten ist. Die Nachwehen einer Krise sind oft eine eigene Krise für sich – so wie die mentalen gesundheitlichen Folgen, die nach der Corona-Pandemie zu erwarten sind.

Vielen wird es beim Lesen jetzt den Magen zusammengezogen haben – ja, das Leben ist manchmal sehr schwer, über lange Strecken lässt es uns verzweifeln. Dennoch hält es gleichzeitig so wundervolle Glücksmomente bereit, dass es sich lohnt, weiterzumachen. Trotz des Wissens, wie es sich anfühlt, jemanden zu verlieren. Trotz der Angst, dass es noch einmal passieren kann. Was, wenn noch ein Kind oder der Partner schwer erkrankt oder frühzeitig verstirbt? Die schon fast naive Leichtigkeit, die wir bis zum Suizidversuch unserer Tochter verspürt hatten, ist ein für alle Mal dahin. Verdrängen funktioniert nicht mehr. Katastrophen, Krankheiten, Leid und Tod treffen nicht nur die anderen, sondern auch uns selbst.

Aber – und das ist entscheidend – wir führen kein ängstliches Leben. Wir führen ein zufriedenes und erfülltes Dasein, auch wenn wir nicht immer glücklich sind. Keiner von uns möchte als Persönlichkeit in die Zeit vor den 5. November 2014 zurück. Natürlich wünschen wir uns nichts sehnlicher, als dass Nina noch gesund leben würde, doch persönlich sind wir in den letzten Jahren so gewachsen, haben uns so verändert, dass wir mit unserem alten Ich (und mit unserem alten Wir) nicht mehr tauschen möchten.

Das klingt auf den ersten Blick jetzt sehr klar und vielleicht auch zu nüchtern; in Wahrheit befinden wir uns in einem hochemotionalen Prozess, der andauert und immer noch einen unklaren Ausgang hat. Die Trauer um unsere Tochter wird niemals abgeschlossen sein, sie ist Teil unseres Lebens. Die Krankheit Depression bleibt weiterhin unsere Begleiterin: Wir lernen immer mehr dazu, versuchen weiterhin offen damit umzugehen und sind nach wie vor Betroffene (ein weiteres Kind bekam im Teenageralter die Diagnose). Doch Depression, Krankheit, Tod und Trauer sind für uns keine Tabus mehr, all das ist ein selbstverständlicher Teil unserer Lebenswelt geworden.

Die Idee zu diesem Buch entstand drei Jahre nach dem Tod unserer Tochter, die nach ihrem Suizidversuch 13 Monate im Wachkoma gelegen hatte. Durch die Gewissheit, nach einem schweren Schicksalsschlag wieder Fuß gefasst zu haben, glaubten wir zu verstehen, wie das funktioniert: Woher Widerstandskraft und Freude kommen, wie das mit der Trauer ist, wo man immer wieder Kraft tanken kann. Das wollten wir erklären, und damit anderen Betroffenen helfen.

In der damaligen Hochphase wäre das Schreiben dieses Buches ganz einfach gewesen, vielleicht hätten wir uns sogar dazu hinreißen lassen, »klugscheißend« und ein wenig überheblich zu dozieren. Doch die Depression, jene Krankheit, mit der wir als Familie so sehr zu kämpfen haben, ließ dies nicht zu. Die neuerliche Erkrankung innerhalb der Familie führte uns zum wiederholten Male an unsere Grenzen, als Ehepartner, als Eltern und als Persönlichkeiten. Auch wenn unsere Grenzen heute andere und wir im Umgang mit Depression und Suizid sehr erfahren sind, so gibt es dennoch immer wieder Zeiten, in denen uns schwierige Situationen ratlos machen und uns die Kraft fast verloren geht.

So entstand dieses Buch nicht als klassischer Ratgeber, sondern als Erfahrungsbericht von Menschen, die viel erlebt haben, aber immer noch dazulernen (müssen/wollen). Wir erzählen davon, wie es uns gelungen ist, an einem schweren Schicksalsschlag nicht zu zerbrechen, sondern daran zu wachsen – ohne eine Garantie dafür abgeben zu können, ob das auch weiterhin so bleiben wird.

Das Coronavirus hat noch während der Entstehung dieses Buches dafür gesorgt, dass Themen wie Tod und Trauer, die in unserer Leistungs- und Spaßgesellschaft nur zu gerne verdrängt werden, plötzlich vielen auf der Haut brennen. Der Lockdown im März 2020 veränderte unser aller Leben auf nie gekannte Weise – zumindest für eine gewisse Zeit. Mentale Gesundheit, Resilienz und körperliche Regeneration (in Form von moderater körperlicher Bewegung) bekamen mit einem Schlag einen ungemein hohen Stellenwert.

In jeder Krise, egal ob groß oder klein, sind Anpassungsfähigkeit und Veränderungswillen gefragt. Egal ob das bisherige Leben von heute auf morgen auf den Kopf gestellt wird oder dies ein schleichender Prozess ist, irgendwann müssen die neuen Gegebenheiten akzeptiert werden. Dazu brauchen manche länger, andere kürzer – doch unserer Erfahrung nach wird wichtige Energie verpulvert, wenn zu lange mit einer neuen Situation gehadert wird. Zeitangaben sind dabei aber relativ zu sehen. Es gibt keine Normvorgaben, wie lange dieses Widerstandsstadium dauern »darf«.

Für Alex war es in der akuten Krise, als unsere Tochter im Wachkoma lag, enorm wichtig, dass er dank professioneller Hilfe lernte, seine rückwärtsgewandten Denkspiralen zu beenden. Warum ist das ausgerechnet uns passiert? Warum habe ich an diesem Unglückstag nicht anders gehandelt? Solche und ähnliche Fragen sind quälend und gleichzeitig lähmend und helfen nicht, die akute Situation bestmöglich zu meistern. Aber – sie sind normal.

Wir haben nun versucht, strukturiert aufzuarbeiten, wie es uns gelungen ist, uns an ein beinahe untragbares Schicksal »anzupassen« – mit dem nachhaltigen Willen, aus dieser Situation, die unser Leben so dramatisch veränderte, Stärke zu gewinnen. Wir greifen dafür nicht nur auf ganz persönliche Erfahrungen mit der Erkrankung Depression und dem Suizid unserer Tochter zurück, sondern auch auf unzählige (Therapie-)Gespräche mit Fachleuten verschiedenster Disziplinen und anderen Betroffenen. Auch unsere Arbeit als Trainer bzw. im Rahmen der audiovisuellen Wahrnehmungsförderung fließt in dieses Buch mit ein. Nicht zuletzt spielen auch Bücher, Artikel und andere Medien eine Rolle, die wir in Anspruch genommen haben, um uns selbst weiterzubilden.

In unseren Augen lassen sich drei wesentliche Themenkreise ausmachen, in denen sich bei uns ein wertvoller Anpassungs- und Veränderungsprozess abgespielt hat. An erster Stelle steht jener Aspekt, den wir als kognitiven Bereich bezeichnen möchten. Wir verstehen darunter die rationale Auseinandersetzung mit Themen wie Depression, Suizid und auch Trauer. Die Erkrankung, ihre Ursachen, ihre Folgen zu verstehen, das hat in der Akutphase und darüber hinaus sehr geholfen. Es ging darum, Worte zu finden für das, was uns passiert ist, und darum, das öffentliche und ureigene Tabu zu brechen.

Das zweite Themenspektrum, mit dem wir uns beide beruflich bereits viel auseinandergesetzt hatten, betrifft den körperlich-biologischen Bereich. Wie reagiert unser autonomes Nervensystem auf Stress, was sind die körperlichen Folgen dauerhafter Anspannung, und was kann man für eine effektive Regeneration tun? Das waren Fragen, auf die wir bereits vor unserem Schicksalsschlag Antworten suchten. Und dennoch fällt es in einer so tiefen Krise schwer, dieses Wissen in konkretes Tun umzusetzen. Es dauert unter Umständen sehr lange, bis man für sich selbst ein gleich guter Coach ist wie für andere.

Der dritte Punkt, der uns sehr wichtig erscheint und mit dem wir uns erst in jüngerer Vergangenheit bewusst auseinandergesetzt haben, ist das Thema Emotionen. In unserer nach stetigem Glück strebenden Gesellschaft scheinen »negative« Gefühle, wie Wut, Angst, Traurigkeit, Scham oder Neid, unerwünscht. Trauer sollte möglichst bald überwunden, Wut nicht zugelassen und Angst, Scham oder Neid verdrängt werden. Doch wenn man in einer so allumfassenden Krise steckt, wie wir das erleben mussten, drängen sich alle Gefühle mit unbändiger Macht auf – die positiven wie die negativen. Und dann gesellt sich irgendwann die Scham darüber hinzu, dass es nicht länger gelingt, die vermeintlich negativen Emotionen zu unterdrücken. Es war für uns beide der letzte befreiende Schritt, uns von diesen in frühester Kindheit erlernten Denkmustern zu lösen. Unser emotionales Erleben hat wie unsere Beziehung dadurch absolut an Qualität gewonnen.

In allen drei Bereichen befinden wir uns noch immer in einem Entwicklungsprozess, Rückschritte keinesfalls ausgeschlossen. »Alte« Themen drängen sich stets wieder auf, gerade wenn eine neue Krise (wie etwa Corona) dazukommt. Alle drei Bereiche hatten und haben, abhängig vom Zeitpunkt, immer wieder eine andere Qualität. Wir werden in unserer Erzählung auch die Unterschiede zwischen der akuten Phase einer Krise und den mittel- und langfristigen Folgen derselben hervorheben.

Einen weiteren Aspekt bildet die individuelle, ganz persönliche Betroffenheit in den jeweiligen Themenkreisen. Was macht so ein Schicksalsschlag mit mir als Persönlichkeit (privat wie beruflich), was macht er mit uns als Ehe- und Liebespaar, was als Eltern? Alle genannten Punkte und Teilbereiche sind miteinander vernetzt, lassen sich nicht linear hintereinander reihen, sondern bilden eine sich immer wieder verändernde Gemengelage.

Unser Anliegen ist es, Licht in dieses Durcheinander zu bringen, um einen Weg aufzuzeigen, der ein geglücktes Leben mit und in einer Krise möglich macht.

P.S: Dieses Buch schreiben wir gemeinsam: als Ehepaar, das an der bisher größten Krise seines Lebens gewachsen ist. Den schreibenden Part übernimmt wie schon bei »Mut zum Absprung« und »Mut zur Klarheit« Angela. (Die Ich-Form gebührt deshalb in diesem Buch ihr, während Alex mit Namen bzw. in der 3. Person genannt sein wird.)

1. Wenn Anpassungsfähigkeit gefragt ist

Nicht immer ist die Definition eines Begriffes, die auf Wikipedia zu finden ist, so einfach und treffend, dass man sich sofort etwas darunter vorstellen kann. Auch die Erklärung für den Begriff »Anpassungsfähigkeit« (mit seinen Synonymen Adaptivität, Adaptabilität oder Flexibilität) klingt etwas hölzern:

»Als Anpassungsfähigkeit (...) wird die Fähigkeit eines Lebewesens oder einer Gesellschaft zur Veränderung oder Selbstorganisation bezeichnet, dank der auf gewandelte äußere Umstände im Sinne einer veränderten Wechselwirkung zwischen (kollektiven) Akteuren untereinander (...) oder ihrer Umgebung gegenüber reagiert werden kann. Es ist die Fähigkeit, sich auf geänderte Anforderungen und Gegebenheiten einer Umwelt einzustellen.«

Tag für Tag müssen wir bei ganz alltäglichen Gelegenheiten unsere Anpassungsfähigkeit unter Beweis stellen: Wer den Wecker überhört hat, muss sich beeilen, um doch noch pünktlich in der Schule zu sein. Wer den Bus verpasst hat, muss auf den nächsten warten oder einen anderen nehmen. Wenn auf meinem gewohnten Weg zur Arbeit eine Baustelle eingerichtet wurde, muss ich einen Umweg fahren. Für die einen sind eben erwähnte Situationen überhaupt kein Problem, andere fühlen sich extrem gestresst.

Warum wir Veränderungsbewusstsein ins Treffen führen, wird spätestens dann klar, wenn es um größere Anpassungsleistungen geht, die nicht immer freiwillig erbracht werden. Auf Süßigkeiten zu verzichten, weil der Arzt dazu geraten hat, fällt, je länger die erwünschte Abstinenz dauert, oft schwer – vor allem, wenn sich der erhoffte gesundheitliche Erfolg nur langsam einstellt. Oft gelingt eine Umstellung des Lebensstils erst dann, wenn die Folgen unseres Tuns gravierend sind. Jemand, der eine nichtalkoholische Fettleber oder Diabetes Typ 2 aufgrund seiner Fehlernährung entwickelt hat, riskiert nicht nur seine Gesundheit, sondern auch sein Leben, wenn er damit unbeeindruckt weitermacht.

Das Bewusstsein für eine notwendige Veränderung zu entwickeln, erscheint einfach, wenn Handlung A ganz eindeutig zu Konsequenz B führt. Doch die Corona-Pandemie hat uns eindrucksvoll vor Augen geführt, was passiert, wenn mögliche Folgen nicht eindeutig festzulegen sind. Wurden im ersten Lockdown noch alle einschneidenden Regeln von den meisten Menschen befolgt, so kamen mit zunehmender Dauer der Pandemie immer mehr Zweifel auf. Wissenschaftliche Erkenntnisse wurden angezweifelt, Verschwörungstheorien begannen zu kursieren … Doch wir wollen hier keine Corona-Diskussion vom Zaun brechen, sondern vielmehr beispielhaft erläutern, dass es für eine persönliche Veränderung eine gewisse Einsicht braucht.

Warum sprechen wir an dieser Stelle nicht von Veränderungswillen? Weil dieser Begriff im Zusammenhang mit schweren Lebenskrisen einen zynischen Beigeschmack bekommt. Als hinge es allein von unserem »Willen« ab, ob wir von Krankheit, Tod oder finanziellem Ruin verschont bleiben. Menschen in ausweglosen Situationen fehlt oft schlicht die Möglichkeit, etwas zu verändern, und wir wollen gar nicht in die Nähe davon geraten, jemandem deshalb den Willen dazu abzusprechen. Zudem haben wir beide am eigenen Leib erfahren, was es bedeutet, seine Fähigkeit und zu einem großen Teil seinen Willen zur Anpassung durch Krankheit zu verlieren. Depressiv zu sein bedeutet nicht, ständig traurig zu sein, wie landläufig oft gemutmaßt wird. Eine Depression wirkt sich körperlich und seelisch aus, raubt einem jegliche Kraft und Perspektive (doch dazu später mehr).

Veränderung und Anpassung gelingen dann am schnellsten, wenn man keine Alternative mehr hat. Bei einem einschneidenden traumatischen Lebensereignis hat man keine Wahl. Als unsere Tochter nach ihrem Suizidversuch auf der Intensivstation lag, mussten wir unseren Alltag nach dieser neuen Situation ausrichten. Wir besuchten Nina jeden Tag, wobei es nur sehr reglementierte Möglichkeiten dazu gab. Wir organisierten die Betreuung der jüngeren Kinder, sagten Arbeitstermine ab, holten uns mentale Hilfe bei ÄrztInnen und TherapeutInnen, um diese dramatische Zeit durchzustehen. Gemeinsam fühlten wir uns bei den Besuchsterminen am sichersten, denn jeder Tag, jede Stunde konnte eine neue Hiobsbotschaft für uns bereithalten.

Dennoch wurde nach den ersten Wochen klar, dass wir so nicht weitermachen konnten. Unsere anderen Kinder brauchten uns ebenfalls als Eltern, gerade in dieser schweren Zeit. Und zwar nicht nur am Abend oder zwischen den Klinikterminen, sondern den ganzen Tag über. Sie brauchten uns nach der Schule, bei gemeinsamen Unternehmungen oder für den ganz normalen Alltag. Wir organisierten uns also als Familie ein weiteres Mal neu, teilten die Besuchstage bei Nina auf, wobei auch ihre Großmutter einen Tag fix und Freundinnen oft einzelne Tage übernahmen. So konnten wir für alle unsere Kinder da sein, sowohl als Elternpaar als auch einzeln. Wir waren uns bewusst, dass diese Veränderung notwendig war, und wir hatten auch die Möglichkeit dazu. Weil wir Unterstützung hatten, weil wir es uns finanziell leisten konnten, weil wir uns den beruflichen Alltag selbst einteilen konnten, weil wir keine lange Anfahrt zur Rehaklinik auf uns nehmen mussten. Wir waren uns dessen bewusst und dankbar dafür. Manch andere Familie hätte diese Möglichkeit der Veränderung wohl nicht gehabt.

Doch nicht nur im Tun, auch im Denken liefen weitere Anpassungsleistungen ab. Obwohl wir uns damals hinsichtlich der Krankheit Depression bereits erfahren glaubten, war uns das Schlimmste passiert. Unser ältester Sohn und Alex selbst hatten diese Krankheit bereits überwunden gehabt und waren wieder gesundet. Als unsere Tochter ebenfalls eindeutige Symptome einer Erkrankung zeigte, hatten wir schnell reagiert und psychiatrische Hilfe geholt. Dennoch war das Thema Suizid an sich ein Tabu geblieben. Wie sich nun dieser neuen Realität stellen? Das Schrecklichste, das, woran zu denken man sich stets verboten hatte, war geschehen.

Wir hätten das Thema Suizid auch weiterhin als Tabu verschweigen, Ninas Zustand mit einem Unfall erklären und uns vor der Wahrheit verstecken können. Doch es war uns wichtig, unseren Zugang zu diesem schwierigen Thema zu verändern. Es wurde uns bewusst, dass eine Veränderung lebenswichtig sein kann. Bis zu Ninas Suizidversuch waren wir der Meinung, wir dürften das Thema ja nicht erwähnen, um unsere Tochter nicht auf die Idee zu bringen, sich in ihrer Ausnahmesituation etwas anzutun. Auch bei unserem Sohn hatten wir das direkte Ansprechen damals vermieden, waren aber froh, dass es die Ärztin in der Klinik für uns übernahm. Heute wissen wir: Niemand, der an Depressionen leidet, wird durch das Ansprechen von Suizidgedanken erst auf die Idee gebracht. Im Gegenteil: Suizidgedanken kommen von ganz alleine, und ein Ansprechen kann für den Betroffenen eine enorme Erleichterung, ja mitunter lebensrettend sein.

Wie es uns als Eltern gelungen ist, Worte für das bis dahin Unaussprechliche zu finden, haben wir ausführlich in unserem Buch »Mut zur Klarheit« beschrieben. Das Geschehene nicht nur in der akuten Situation zu meistern, sondern auch langfristig positiv in sein Leben zu integrieren – darum wird es in den nächsten Kapiteln dieses Buches gehen. Anpassung verstehen wir in diesem Zusammenhang als eher kurzfristige Reaktion auf einen äußeren Umstand, während sich das Veränderungsbewusstsein auf eine längerfristig angelegte Beeinflussung der persönlichen Situation bzw. des persönlichen Erlebens bezieht.

Als Eltern waren wir in der Lage, unseren Schicksalsschlag so zu meistern, dass wir während Ninas Wachkoma allem gerecht wurden, was uns damals wichtig war: Wir kämpften um Ninas Genesung, waren für unsere anderen Kinder da, gingen offen mit den Themen Depression und Suizid um, holten uns professionelle psychologische Hilfe, organisierten die beruflichen Belange so, dass sie mit den familiären Umständen vereinbar waren, und sorgten nicht zuletzt für persönlichen Ausgleich in Form von Sport und Kultur. Nach Ninas Tod ließen wir uns auf den Prozess des Trauerns ein und suchten gleichzeitig nach einem Weg, wieder in ein »normales« Leben hineinzufinden – ohne Klinikalltag und Überlebenskampf. Wir konnten beide das, was uns zugestoßen war, gut in Worte fassen: in persönlichen Gesprächen, bei Vorträgen, bei Interviews und auch in unserem zweiten gemeinsamen Buch. Unser Umgang mit dieser schweren Lebenskrise war und ist bis heute für viele Menschen vorbildhaft. Es tat gut zu hören, wie stark wir seien und wie gut wir das alles gemeistert hätten.

Vieles von dem, was wir hier bis jetzt beschrieben haben, würden ExpertInnen wohl unter dem Fachbegriff »Resilienz« zusammenfassen. Oft vereinfacht als psychische Widerstandskraft bezeichnet, hat uns unter den vielen in Facetten unterschiedlichen Definitionen von Resilienz diese am meisten angesprochen:

Resilienz (von Lateinisch *resilire,* »zurückspringen«, »abprallen«) oder **psychische Widerstandsfähigkeit** ist die Fähigkeit, Krisen zu bewältigen und sie durch Rückgriff auf persönliche und sozial vermittelte Ressourcen als Anlass für Entwicklungen zu nutzen.

Resilienz war auch während des Corona-Lockdowns in aller Munde. Auf allen Medienkanälen wurden Tipps gegeben, wie mit dieser völlig neuen Situation am besten umzugehen ist. Gleichzeitig war auch viel von einer sich verändernden Gesellschaft die Rede: Allgemeine Werte würden sich durch diese Krise verändern zu mehr Nachhaltigkeit und mehr Solidarität. Ob dem so ist, werden erst die nächsten Monate oder vielleicht sogar Jahre zeigen.

Was aber für uns ganz klar war, ist, dass es sehr von der jeweiligen sowohl persönlichen wie wirtschaftlichen Ausgangslage abhängt, wie gut man eine Krise wie diese bewältigt. In einem Haus mit Garten lässt es sich während der Quarantäne besser aushalten als in einer engen Wohnung ohne Balkon. Wer in der Vergangenheit Geld auf die Seite legen konnte, kann wirtschaftliche Einbußen leichter wegstecken als jemand, der jeden Cent umdrehen muss, um über die Runden zu kommen. Wer bereits Schlimmeres erlebt und dies gut überstanden hat, wird sich von Corona womöglich wesentlich weniger aus der Ruhe bringen lassen. Wer gelernt hat, wie er seine mentale Gesundheit stärkt, kann auch in Ausnahmesituationen auf diese Fähigkeiten zurückgreifen.

Warum wir uns dennoch nicht auf den Begriff Resilienz beschränken möchten, hat damit zu tun, dass wir das, was nach einer lebensverändernden Krise zur weiteren Lebensbewältigung notwendig ist, als viel komplexer und umfassender begreifen. Zudem klingt der Begriff sperrig und sagt für viele auf den ersten Blick wenig aus. In unseren Augen muss die kognitive Komponente, die bei der Resilienz oft im Vordergrund steht, um die körperliche und die emotionale Ebene erweitert werden. Wir selbst haben nach Meinung begleitender ExpertInnen in unserer Ausnahmesituation große Resilienz bewiesen, waren für viele ähnlich Betroffene Vorbilder.

Doch wie nachhaltig unsere Fähigkeit zur Anpassung ist,

sollte sich erst in den Jahren nach Ninas Tod zeigen. in Wahrheit begann für unsere Familie nach der Phase allumfassenden Trauer bereits die nächste schwere Krise. Die Nachwehen des akuten Schicksalsschlages waren so massiv, so einschneidend, dass niemand in unserer (Kern-) Familie einfach zur Tagesordnung übergehen hätte können. Die »neue Normalität« – in Corona-Zeiten zum geflügelten Wort für eine Zeit der notwendigen Einschränkungen nach dem Lockdown geworden – gilt für uns ein Leben lang. Wie sich darauf einstellen? Wie mit dieser Schwere, mit diesen einschneidenden Erfahrungen weiterleben?

Viele unserer FreundInnen, auch jene, die uns in der Akutphase großartig unterstützt hatten, glaubten, mit Ninas Tod sei das »Schlimmste« quasi ausgestanden. Wir müssten uns nicht mehr um eine schwerstbehinderte Tochter kümmern, Nina selbst sei von ihren Qualen erlöst (was den Tatsachen entspricht), jetzt nur noch die notwendige Trauer und den Verlust verarbeiten (natürlich in ein paar Monaten), und dann ist alles wieder »normal«.

Nein, ist es nicht! Wir haben bis heute mit den Folgen unseres Schicksalsschlages zu kämpfen – psychisch und physisch. Gleichzeitig ist dieser Kampf aber auch ein Weg der Heilung, der nicht nur aktuelle, sondern auch ganz alte Wunden betrifft.

Dieser Weg hat ganz viel mit Anpassungsfähigkeit und Veränderungsbewusstsein zu tun bzw. lässt sich mit diesen beiden Begriffen gut umreißen. Mit jedem Jahr, das nach Ninas Tod vergangen ist, hat sich unser Erfahrungshorizont erweitert und der persönliche Zustand verändert. Es ist und war ein Prozess, der uns an den Punkt gebracht hat, dieses Buch nun zu veröffentlichen. Zu einem früheren Zeitpunkt wären wir noch nicht so weit gewesen, wie wir es jetzt sind. Und die Zukunft wird uns mit Sicherheit noch weiter verändern. Doch wir beide glauben, dass unser Dasein nun auf

baren Fundament steht, so dass wir uns zu
kann es funktionieren, so kann es gelin-
frieden zu sein – egal, was war, egal, was

nächsten Kapitel dieses Buches in drei
nterteilen, die stellvertretend für je einen
s stehen. Da ist zum einen der kognitive Zugang: Zu verstehen, was mit Nina passiert ist, was das alles mit uns macht, war einer der ersten Schritte auf dem Weg zur Krisenbewältigung. Das Verstehen-Wollen hält bis heute an, oft gibt es Zusammenhänge oder Erkenntnisse, die erst nach einer gewissen Zeit zugänglich sind. Ich hätte es zum Beispiel direkt nach Ninas Tod nie geschafft, ein Buch über Trauer zu lesen. Auch ein Seminar mit dem Thema »Tabu Suizid – Wir sprechen darüber« musste ich frühzeitig abbrechen. Dieses distanzierte wissenschaftliche Befassen mit einem für mich zutiefst emotionalen Thema war mir lange Zeit nicht möglich, obwohl ich gleichzeitig offen über beides sprechen konnte.

Zum körperlichen Zugang von Krisenbewältigung hatten wir bereits vor unserem Schicksalsschlag aus beruflichen Gründen gefunden – Alex als Skisprungtrainer und ich als AVWF-Trainerin. Auf Grundlage der von Ulrich Conrady entwickelten Audiovisuellen Wahrnehmungsförderung beschäftigten wir uns mit Stressregulierung und der Polyvagal-Theorie von Stephen Porges, die gerade im englischsprachigen Bereich bei immer mehr Therapieformen Beachtung findet.

Es geht um die Antwort unseres autonomen Nervensystems auf einen externen oder internen Reiz, der als Gefahr gewertet wird. Schaltet unser Körper in den Kampf- oder Fluchtmodus, so werden unbewusst blitzschnell bestimmte Prozesse eingeleitet: Unser Herz schlägt schneller, die Muskelspannung erhöht sich, das Blickfeld verengt sich. Chronische Anspannung oder ein extrem überforderndes Ereignis, das kämpfen oder flüchten unmöglich macht, führen hingegen zu einem Zustand der Erstarrung. Unser »Reptiliengehirn« wird aktiv und will uns mit dem energiesparenden Totstellreflex möglichst schadlos durch die Gefahr bringen.

Löst sich eine potenzielle Gefahrensituation schnell wieder auf, dann gelingt es einem anpassungsfähigen Organismus, sich genauso rasch wieder zu beruhigen, wie er sich zuvor erregt hat. Bleibt eine prekäre Situation aber über längere Zeit bestehen, dann verharrt unser Gehirn in erhöhter Alarmbereitschaft. Dies war für viele Menschen während des Lockdowns deutlich zu spüren. Jeden Tag musste man sich auf Neuerungen einstellen, während die Lage insgesamt im Ungewissen blieb. Angst erhöhte bei vielen zunächst die Anpassungsfähigkeit, bei manchen führte sie aber auch ganz schnell zur Erstarrung.

Diese ständige Alarmbereitschaft kostet den Körper viel Energie, zumal auch Schlafqualität und Erholungsfähigkeit sinken. Wie lange dieser Zustand aufrechtzuerhalten ist, hängt ganz von den individuellen Ressourcen und den äußeren Umständen ab. Was folgt, ist eine Phase der Erschöpfung und im besten Fall der notwendigen Regeneration. Während wir in den ersten Wochen des Shutdowns rege Betriebsamkeit entwickelten – das Haus gründlich durchputzten, im Garten neue Beete anlegten, unsere Social-Media-Kanäle bedienten –, setzte irgendwann bleierne Müdigkeit ein.

Wem wollten wir mit unserer übertriebenen Geschäftigkeit etwas beweisen? Durften wir es uns nicht erlauben, in dieser Ausnahmesituation müde zu sein? Als Nina im Wachkoma lag, verdrängten wir bewusst 13 Monate lang alle Hinweise unseres Körpers, dass es Zeit wäre, sich zu erholen. Die Hoffnung auf Genesung ließ uns durchhalten und ein immenses Arbeitspensum zwischen Klinik, Beruf und der restlichen Familie bewältigen. Genauso wie Alex jahrelang mit extrem wenig Schlaf ausgekommen war, als er auf dem Weg zum erfolgreichen Skisprungtrainer fast rund um die Uhr gearbeitet hatte. Dieser Raubbau an der eigenen Gesundheit machte sich erst später bemerkbar, als ihn die Erkrankung unseres ältesten Sohnes in die Erschöpfungsdepression führte.

Das Bewusstsein, dass es einer Veränderung bedurfte, kam also sehr spät und war zu dieser Zeit auch nicht nachhaltig. Wir beide hatten längst verlernt, auf die Bedürfnisse unseres Körpers zu hören. Mehrere Bandscheibenvorfälle bei Alex, immer stärker werdende Migräneattacken bei mir waren dank starker Schmerzmitteln als Signale immer noch zu schwach, um nachhaltig gehört zu werden. Wir beide waren getrieben von dem Gedanken, etwas leisten zu müssen, egal ob im Beruf, als Eltern oder im Privatleben. Sich zu erholen war nur kurz erlaubt, entweder als Belohnung oder aufgrund unseres schweren Schicksalsschlages, dann musste es weitergehen. Diese ungesunden Verhaltensmuster waren (und sind es teilweise bis heute) unterfüttert mit für uns negativen Emotionen: Ich habe mich geschämt, faul vor dem Fernseher zu liegen. Alex fühlte sich wertlos, wenn er nicht beruflich arbeitete. An dieser Stelle wird der Zusammenhang mit dem emotionalen Anteil von Anpassungsfähigkeit sehr gut sichtbar.

Dass die Angst vor einem unbekannten Virus die Anpassungsfähigkeit eines Großteils der Bevölkerung maßgeblich beeinflusst, hat wiederum die Corona-Krise eindeutig gezeigt. Wie sehr die Menschen ihr Leben aber wirklich verändern wollen oder eben nicht, förderte erst ein erstes Abebben der Infektionen im Sommer 2020 zutage. Erster Widerstand gegen die Maßnahmen der Regierung wurde laut, Verschwörungsideologien fanden regen Zuspruch. Die Kluft zwischen denen, die ihr altes Leben ohne Einschränkungen trotz Covid-19 zurückhaben wollten, und jenen, die immer noch große Angst vor dem Virus hatten, wuchs bedenklich an.

Gefühle beeinflussen unsere Anpassungsfähigkeit. Angst lässt uns eher durchhalten, Wut verleitet zum Widerstand. Der Neid auf jene, die sich den Regeln widersetzen, produziert wiederum Zorn bei denen, die sich das nicht trauen (das Denunziantentum feierte während und nach dem Lockdown fröhliche Urständ). Dass unsere Tochter versucht hatte, sich umzubringen, führte bei mir zu starken Schamgefühlen, die bewirkten, dass ich mir klein und wertlos vorkam. Ich hatte sogar in dieser extremen Situation den Drang, es allen recht zu machen: Besucher zu empfangen, die so überfordert waren, dass ich sie stützen musste, anstatt umgekehrt. An das Pflegepersonal möglichst keine »Extra-Wünsche« zu stellen, um ja nicht als aufdringlich empfunden zu werden. Sich kluge Sprüche und Weisheiten von Menschen anzuhören, die in Wahrheit keine Ahnung hatten. In Gesellschaft von Freundinnen nicht (mehr) zu weinen oder über meine Trauer zu sprechen, um niemanden zu belasten oder die gute Stimmung zu zerstören.

Diese Liste ließe sich beliebig verlängern. Bei Alex verlagerte sich das Gefühl der Wertlosigkeit hingegen auf den beruflichen Bereich. Die Erschöpfung, die aus der monatelangen Überforderung durch unsere Situation resultierte, machte ihm Angst, dass er uns nicht mehr versorgen könnte. Obwohl wir finanziell abgesichert waren und uns beiden dank bisheriger Ausbildungen und Erfahrungen Möglichkeiten offenstanden, hatte er das Gefühl, nichts zu leisten. Während unsere Tochter noch im Wachkoma lag, war für diese Gefühle kaum Zeit, jeder Tag war geplant und eng durchgetaktet. Nach ihrem Tod und während der ersten Zeit der allumfassenden Trauer meldeten sich diese dafür aber mit größter Vehemenz.

Der Umgang mit diesen (und anderen) vermeintlich negativen Gefühlen veränderte sich: Versuchten wir sie anfangs zu verdrängen, so schafften wir es schließlich, uns ihnen mit therapeutischer Hilfe zu stellen. Nicht alle Emotionen hingen mit der akuten dramatischen Situation zusammen, manche hatten ihren Ursprung in frühkindlichen Prägungen. Diese Erkenntnis brachte nicht unbedingt eine Veränderung der Empfindungen, aber sie beeinflusste unseren Umgang damit zum Positiven.

Das Leben ist kein Wunschkonzert, heißt es oft so treffend. Immer wieder sind wir genötigt, Erwartungen und Vorstellungen, die wir einmal aus bestimmten Gründen getroffen haben, über Bord zu werfen. Freiwillig geschieht dies in den seltensten Fällen, denn Veränderung ist mühsam und braucht sehr viel Durchhaltevermögen. In einer schweren Krise kann ich mir allerdings nicht aussuchen, ob ich mich an sie anpassen will oder nicht. Wenn meine Firma aufgrund der Covid-19-Beschränkungen in Konkurs gegangen ist, muss ich mir eine neue Arbeit suchen – ob ich will oder nicht. Als unsere Tochter Nina nach ihrem Suizidversuch in der Intensivstation lag, mussten wir uns auf diese Situation einstellen – so schwer es auch war.

Als Nina im Dezember 2015 verstarb, kippte ich in ein tiefes Loch. Dreizehn Monate lang hatten wir alle Energien mobilisiert, um ihr und unseren anderen Kindern bestmöglich beizustehen, und nun war sie tot. Die ständige Anspannung fiel ab und hinterließ eine unendliche Leere. Alles schien umsonst gewesen. Ich stellte nicht nur die letzten Monate, sondern mein ganzes Muttersein, meine ganze Persönlichkeit in Frage. Und damit bekam alles, was geschehen war, einen Sinn: Es musste sich etwas verändern, und zwar tiefgreifend und langfristig. Unsere Beziehung stand auf dem Prüfstand: als Liebespaar, als Elternpaar, als Sohn und Tochter unserer Eltern.

Veränderungsbewusstsein bedeutet für uns, auch »erfolgreiche« Bewältigungsstrategien zu hinterfragen. Wer von einem Schicksalsschlag getroffen wird, hat keine Zeit, um zu reflektieren, wie und ob er »gesund« reagiert. Das Notfallprogramm, das dabei abläuft, ist oft ein uraltes, das häufig schon in der Kindheit angelegt wurde. Doch in der Krise nach der Akutphase ist es wichtig, sich die Zeit zu nehmen, um zu reflektieren. Was kann ich tun, um meine Anpassungsfähigkeit zu verbessern? Passen meine Bewältigungsstrategien auch in der aktuellen Situation noch oder stecke ich fest? Habe ich mich kognitiv zwar auf die Krise gut eingestellt, körperlich den Bogen aber weit überspannt?

Leider wird die mentale Gesundheit, die von der körperlichen nicht zu trennen ist, in Österreich immer noch sträflich vernachlässigt. Wenn man es sich nicht leisten kann, privat eine Therapie zu finanzieren, wartet man oft wochen- oder sogar monatelang auf ein kassengestütztes Angebot. Neben dem persönlichen Bewusstsein braucht es entsprechend Geld und Zeit, um eine Krise dermaßen nachhaltig zu bewältigen, dass man daran wachsen kann.

Mit der Aufhebung der Corona-Maßnahmen wird für viele weder die wirtschaftliche noch die psychische Krise vorbei sein. Aber auch wer gesundheitlich und finanziell verschont geblieben ist und nun darauf hofft, möglichst schnell wieder zur »alten« Normalität zurückkehren zu können, wird enttäuscht werden. Die Covid-Krise hat gesellschaftliche Wunden gerissen, die erst langsam und nicht ohne gemeinsame Anstrengung verheilen können. Die langfristige Bewältigung einer Krise kostet genauso viel Kraft wie die dramatische Zeit davor.

Hätten wir nach Ninas Tod »einfach« ein paar Monate trauern und dann mit der ganzen Tragödie abschließen sollen, um weiterzumachen wie zuvor? So wie uns nicht wenige unserer FreundInnen oder nahen Verwandten geraten hatten?

Das hätte bedeutet, dass vieles, was wir gerade als Persönlichkeiten in der akuten Phase gelernt und entwickelt hatten, in gewisser Weise rückgängig gemacht werden hätte müssen. Um es an einem Beispiel zu veranschaulichen: Hatte ich versucht, es in den ersten Monaten allen recht zu machen, so musste ich mit der Zeit lernen, mich zu wehren, z. B. dem Pflegepersonal deutlich und nachdrücklich zu sagen, wenn ich das Gefühl hatte, dass bei Nina etwas nicht stimmte. Ich musste des Öfteren für das Wohl meiner Tochter kämpfen. Umgekehrt machte Alex bald die Erfahrung, dass er mit seinem »Cheftrainer-Verhalten«, nämlich Dinge selbst in die Hand zu nehmen bzw. energisch einzufordern, nicht mehr weiterkam. Er musste in mancher Hinsicht diplomatischer auftreten.

Ich fühlte mich nach der ersten Phase der allumfassenden Trauer durch diese Erfahrung sehr gestärkt. Wenn ich so ein dramatisches Erlebnis wie Ninas Suizidversuch und seine Folgen überstanden hatte, dann müsste es mir doch gelingen, auch in meinem restlichen Leben bestimmte Dinge anders zu regeln. Ich wollte meinen Ärger nicht mehr hinunterschlucken, ich wollte meine negativen Gefühle nicht mehr ständig verdrängen, ich wollte sagen können, wenn mir etwas nicht passte. Gleichzeitig waren meine Energiereserven so leer, dass mir klar wurde, dass ich einen neuen Umgang mit meinen negativen Gefühlen lernen musste. Denn sie weiterhin zu verdrängen hätte nicht nur viel mehr Kraft gekostet, sondern auch bedeutet, dass ich mich als Persönlichkeit selbst verleugnet hätte.

Doch der Weg dorthin sollte länger dauern, als vermutet, davor gab es noch einige Schichten an erlerntem Verhalten, übernommenen Glaubenssätzen und verdrängten Kindheitserinnerungen abzutragen. Und das nicht nur als Einzelperson, sondern in einem Familiensystem: mit Kindern, die ebenfalls durch das Geschehene traumatisiert waren, und einem Partner, der ganz andere Bewältigungsstrategien und -geschwindigkeiten fuhr als ich selbst.

2. Verstehen hilft

Suizid ist in Österreich in der Altersgruppe zwischen 15 und 29 Jahren die zweithäufigste Todesursache, in Deutschland sogar die häufigste. Diese nackten Statistiken – erschreckend und den meisten Menschen wohl unbekannt – bedeuteten in den ersten Wochen nach Ninas Suizidversuch eine gewisse Erleichterung für uns. Wir waren nicht alleine. Ein ähnliches Schicksal wie unseres ereilte viele Eltern in Österreich, auch wenn man es nur ganz selten mitbekam. Dass die Pubertät mit all ihren körperlichen, hormonellen und sozialen Veränderungen eine extrem vulnerable Phase in der Entwicklung eines jungen Menschen ist, war für uns nichts Neues, doch warum waren gerade unsere Kinder von Depressionen betroffen? Warum hatte sich Nina zu dieser Kurzschlusshandlung hinreißen lassen, wenn sie doch miterlebt hatte, dass ihrem älteren Bruder geholfen worden war? Auf diese Fragen brauchten wir dringend Antworten, und zwar von Menschen, die professionell mit dieser Thematik zu tun hatten. Kluge Sprüche und Küchenpsychologie gab es ohnehin genug.

Seit wir unser Schicksal öffentlich gemacht haben, sind viele Menschen an uns herangetreten, sei es im Bekanntenkreis, beruflich oder privat über Briefe oder Social Media. Angesichts der Todeszahlen durch Selbsttötung (und da sind Suizidversuche noch gar nicht eingerechnet) gibt es sehr viele Betroffene. Sehr viele Menschen, die verzweifelt zurückbleiben. Es ist eine Angewohnheit von mir geworden, jeden Tag die Todesanzeigen in der Zeitung zu studieren. Wo ist keine genaue Todesursache vermerkt? Wo steht (gerade bei jungen

Menschen) »plötzlich und unerwartet« dabei? Die Toten, die sich selbst um ihr Leben gebracht haben, bleiben im Dunkeln. Ich kann oft nur vermuten. Hinter vorgehaltener Hand wird aber gemunkelt, manchmal erfahre ich erst viel später über Umwege, dass in diesem und jenem tragischen Fall wirklich Suizid im Spiel war.

Zeitungen und Fernsehen berichten entweder zu wenig über Suizid oder falsch. Die einen fürchten den sogenannten Werther-Effekt, der besagt, dass ein Bericht über Selbsttötung weitere Suizide nach sich zieht. Die anderen stürzen sich mit Sensationsgier vor allem auf Suizide von prominenten Persönlichkeiten, da werden oft alle Bedenken über Bord geworfen.

Es gibt bessere ExpertInnen zur Berichterstattung über Suizide als uns, aber wir können sagen, dass ein unglaubliches Interesse an Aufklärung besteht. Depression ist eine potenziell tödliche Krankheit, die immer mehr Menschen betrifft. Suizidgedanken können dabei eine ganz normale Symptomatik darstellen, genauso wie Angsterkrankungen oder andere psychische »Störungen«. Würde ich bei einer anderen körperlichen Erkrankung (wie z. B. Krebs o. Ä.) ein so wichtiges Symptom verschweigen? Noch dazu eines, das zeigt, wie weit fortgeschritten die Erkrankung ist?

Suizidgedanken zu haben, bedeutet noch lange nicht, dass man bereits Suizidpläne schmiedet. Für mich persönlich stellte in der schlimmsten Phase meiner Depression, aber auch meiner Trauer, der Suizid einen letzten Ausweg dar, wohl wissend, dass ich das meiner Familie in dieser Situation nie antun könnte oder würde. Doch allein das Gedankenspiel gab mir mehr Handlungsspielraum: Wenn alle meine Bemühungen, das alles zu bewältigen, scheiterten, oder wenn mir irgendwann die Kraft ausginge, dann …

Ich schaffte es kaum, über diese Gedanken zu sprechen – sogar mit meiner Therapeutin fiel es mir schwer, und mit

Alex ging es schon gar nicht. Ich bekam Angst vor mir selbst: Hatte Nina etwa mit ihrem Tun die Büchse der Pandora geöffnet und verführte damit den Rest der Familie zur selben »Lösung«? Gleichzeitig schämte ich mich, die anderen in Gedanken im Stich zu lassen.

Diese Vorstellung von Suizid wird ganz oft und fast ausschließlich von Film und Fernsehen vermittelt. Wie musste ich bei einem Abendkrimi hektisch umschalten, weil sich wieder einmal ein Böser seiner gerechten Strafe durch Selbsttötung entzogen hatte!? Oder ein junger Mensch, weil er mit seinem Tun jemand anderen bestrafen wollte. Da ist keine Rede von mentaler Erkrankung, von Behandlungsmöglichkeiten, von Therapie. Dabei bräuchte es genau das: das offene Sprechen über die psychische Erkrankung, über Suizidgedanken als Symptome derselben und über gangbare Auswege. Dies würde den sogenannten Papageno-Effekt bewirken, der viel stärker als der Werther-Effekt ist: Menschen würden sich getrauen, Hilfe zu holen.

In den Schulen unserer Kinder wagte man es in den wenigsten Fällen, unser Schicksal und dadurch das Thema Suizid offen anzugehen. Die Angst, Jugendliche erst darauf zu bringen, erstickt viele Aufklärungsversuche im Keim. Dabei wäre das Interesse so groß: Die Freunde unserer Kinder, egal welchen Alters, haben das Sprechen darüber ganz von selbst übernommen. Und: Auf Suizidgedanken muss man niemanden bringen, die kommen von ganz alleine. Was man aber wegnehmen müsste, ist die Scham und die Angst, darüber zu sprechen.

Der kognitive Zugang bekam am Beginn unserer Aufarbeitung das meiste Gewicht. Zu verstehen, warum Nina trotz psychiatrischer und psychotherapeutischer Begleitung versucht hatte, sich das Leben zu nehmen, dass es sich um eine sogenannte »plötzliche suizidale Einengung« gehandelt haben musste, machte die aufwallenden Gefühle von Scham und Schuld ertragbar. Nina war erst seit wenigen Wochen medizinisch begleitet worden, und mehrere Behandlungsmöglichkeiten standen noch offen bzw. waren geplant. Niemals hätten wir (schon gar nicht zu diesem Zeitpunkt) damit gerechnet, dass sich unsere Tochter, die immer so lebensfroh und voller Pläne gewesen war, etwas antun könnte. Wir wollten auch wissen, wie Nina reagieren würde, wenn sie wieder zu sich käme. Würde unsere Tochter überhaupt noch leben wollen, oder wäre sie wütend, weil wir ihr Vorhaben zu sterben vereitelt hatten?

Dieses Sprechen über Depression und Suizid führte dazu, dass wir das Geschehene zumindest in einem gewissen Ausmaß akzeptieren konnten. Akzeptanz gilt als eine wichtige Säule von Resilienz, was aber nicht bedeutet, dass man sich seinem Schicksal tatenlos ergeben muss.

Heute schreiben sich diese Zeilen recht souverän, damals war es der verzweifelte Versuch, eine Erklärung für das zu finden, was geschehen war. So rational wir jetzt darüber sprechen und schreiben können, so emotionsgeladen und überwältigend war die Situation damals. Hier zeigt sich gut, dass ein rein kognitiver Zugang natürlich unmöglich ist: Obwohl wir von Beginn an unsere ureigenen Tabus bekämpften, brauchte es in weiterer Folge eine Aufarbeitung der Gefühle, um so wie jetzt wirklich klar und offen über Suizid sprechen zu können. Daher ist die für dieses Buch gewählte Einteilung in einen kognitiven, einen körperlichen und einen emotionalen Zugang rein der besseren Verständlichkeit geschuldet. Wir reagierten zu jeder Zeit sowohl rational als auch emotional und körperlich. Bei der Bewältigung unseres Schicksals veränderte sich mit der Zeit jedoch die Gewichtung der unterschiedlichen Zugänge – und mit ihr auch das Bewusstsein, was das für unsere persönliche Verarbeitung bedeutet.

Als Ehepaar ergänzten wir uns in dieser ersten Phase der

ständigen Alarmbereitschaft ausgezeichnet. Unsere Überlebensstrategien griffen perfekt ineinander. Alex war der, der nach außen kommunizierte und beispielsweise jeden Tag in der Früh auf Ninas Station anrief, um zu fragen, wie die Nacht verlaufen war. Ich übernahm die Kommunikation nach innen, fing unsere beiden Jüngsten auf, versuchte allen in der Familie Halt zu sein. Ansonsten bewältigten wir zunächst alles gemeinsam: die Diagnosegespräche in der Klinik, die genau getakteten Besuche auf der Intensivstation, die Treffen mit dem Suizidexperten.

Während wir zu Beginn unseren Gefühlen und der körperlichen Schockreaktion mehr oder weniger ausgeliefert waren, so verhalf uns das kognitive Begreifen der Situation zu einer ersten Stabilisierung. Alex wollte etwa auf der Intensivstation genau wissen, was gerade vor sich ging und wie die nächsten Schritte aussehen würden. Klare, eindeutige Botschaften waren trotz der allgemeinen Unsicherheit enorm wichtig. Das kleinste Missverständnis ließ unsere Angst ins Unermessliche wachsen. Gleichzeitig mussten wir aber irgendwie die Situation bewältigen, durften nicht in einem Meer der überwältigenden Gefühle ertrinken.

Wir mussten kognitiv lernen, wie wir mit bestimmten überbordenden Emotionen umzugehen hatten, um nicht in eine sich immer schneller drehende Negativspirale zu geraten – und zwar mit professioneller Hilfe von PsychiaterInnen und PsychotherapeutInnen. Schuldgefühle, die sich zwangsläufig aufdrängten, das Gefühl der Scham, dass uns so etwas passiert war, die Angst, dass Nina es nicht schaffen würde – die Emotionen waren natürlich da, aber wir durften ihnen keinen Platz in unserer Gedankenwelt geben. Wir sollten uns von ihnen nicht in den Abgrund ziehen lassen, mussten uns auf das konzentrieren, was zu tun war. Es war ein ganz hart erlerntes Leben im Hier und Jetzt. Ein Funktionieren im Augenblick, um das tun und organisieren zu können, was notwendig war, um unseren Berufs- und Familienalltag an diese Ausnahmesituation anzupassen.

Diese Art des Funktionierens begegnete uns auch zu Beginn der Corona-Krise. Und zwar in einem positiven Sinn: Nachbarschaftshilfen wurden organisiert, ältere Menschen versorgt, Freiwillige nähten Masken, wer konnte, verlegte seine berufliche Tätigkeit ins Internet, und es gab Balkonkonzerte zur allgemeinen Motivation. Aus der Not eine Tugend machen – diesem Sprichwort wurde ein überwältigender Anteil der Bevölkerung gerecht.

Ich hatte kurz vor dem Lockdown noch verschiedenste Farben und anderes künstlerisches Material besorgt. So verbrachten unsere Kinder einige sehr kreative Wochen, indem sie Fenster, Leinwände und Steine bemalten. Damals, als Nina in der ersten Zeit nach ihrem Suizidversuch in der Klinik gelegen hatte, waren es unsere eilig organisierten Kindersitter gewesen, die unseren jüngeren Töchtern mit Kunst und Kreativität über diese schwere Phase halfen.

Rund vier Wochen nach ihrem Suizidversuch wurde Nina in ein Rehazentrum verlegt. Zu diesem Zeitpunkt war klar, dass sie sich im Wachkoma befand. Das bedeutete, dass wir uns nun zusätzlich auch mit dieser Thematik auseinandersetzen mussten. Wie würden die zukünftigen Therapien aussehen, wie konnten wir unsere Tochter dabei unterstützen, wie standen die Chancen, dass sie sich wieder erholte?

Wir spürten recht schnell, dass es uns guttat, wenn wir selbst kleinere Aufgaben übernehmen konnten: mit Nina im Rollstuhl spazieren gehen, sie frisieren, beim Waschen helfen etc. Was für viele in diesem Augenblick vielleicht eine erschütternde Vorstellung ist, für uns waren das Momente, die uns guttaten und um die wir auch kämpften. Zu wissen, was zu tun ist, wenn sich gewisse Werte am Monitor veränderten, auf welche Art und Weise wir sie am besten ansprechen und berühren sollten – das war wichtig, um uns unserer Selbstwirksamkeit wieder bewusst zu werden. Selbstwirksamkeit ist eine wichtige Säule von Resilienz: Das Vertrauen in die eigenen Fähigkeiten gibt einem Menschen die Kraft, weiterzumachen und auch schwerste Krisen zu bewältigen.

In meinen Augen gibt es aber noch einen Grund, warum wir uns auf diese Ausnahmesituation recht schnell einstellen konnten. Wir hatten im Rahmen unserer beruflichen Tätigkeit bereits früher eine Familie kennenlernen dürfen, deren erwachsener Sohn ebenfalls im Wachkoma lag. Wir hatten also ein gewisses Vorwissen und erlebt, wie jemand anderer ein ähnliches Schicksal meisterte. Die meisten Menschen haben überhaupt keine Vorstellung davon, was es bedeutet, im Wachkoma zu sein. In Film und Fernsehen liegen die Betroffenen stets friedlich und ruhig, wie schlafend, in ihren Betten. Doch Wachkoma umschreibt viele verschiedene Zustände, in unserem Fall hätten wir Nina diese vermeintliche Ruhe oft gewünscht. In Wirklichkeit wurde sie über viele Monate von furchtbaren Spastiken und Infekten gequält, die medikamentös kaum in den Griff zu bekommen waren.

Ich möchte an dieser Stelle ganz salopp behaupten: Wer vor den Schicksalen seiner Mitmenschen nicht den Kopf in den Sand steckt, der fällt auch nicht aus allen Wolken, wenn er selbst betroffen ist. Zu erfahren, dass die eigene Tochter im Wachkoma liegt, ist eine Katastrophe, aber wenn man ein bisschen Ahnung davon hat, dann findet man schneller zur eigenen Handlungsfähigkeit zurück. Mit Nina in diesem Zustand gut umgehen zu können, hat mich stolz gemacht und mir Kraft gegeben. Unabhängig von Monitorwerten zu spüren, ob es meiner Tochter gut geht oder nicht, verstärkte meine innige Beziehung zu ihr. Ich war Nina, wie meinen anderen Kindern auch, immer schon sehr nahe gewesen, und daran konnte auch ihr Suizidversuch nichts ändern.

Um unsere jüngeren Kinder kümmerten sich am Nachmittag, wenn wir bei Nina waren, über lange Zeit liebe Freundinnen und Familienangehörige. Aber es war klar, dass sie auch uns Eltern brauchten, und so organisierten wir unsere Woche schließlich so, dass immer ein Elternteil daheimblieb und es auch Tage gab, die wir alle gemeinsam verbrachten (während die Oma oder eine Freundin bei Nina war). Dies miteinander zu besprechen, auch rational zu begreifen, dass wir einen Weg finden konnten, unser Schicksal zu meistern, ohne dass die Kinder zusätzlich darunter leiden mussten, war enorm wichtig.

Denn das schlechte Gewissen, es als Eltern nicht richtig zu machen, meldete sich in diesem Fall nicht selbst, sondern wurde von außen an uns herangetragen: Wir würden unsere anderen Kinder vergessen, wenn wir so oft bei Nina wären. Es wäre doch besser, unsere Tochter in der Rehaklinik »quasi abzugeben« und zu Hause wieder ein »normales« Familienleben zu führen. Wir müssten lernen »loszulassen«.

Als ob jemand von uns in der Lage gewesen wäre zu vergessen, was passiert war! »So tun als ob« als Lösung. Wir haben uns ganz rational und mit emotionaler gegenseitiger Unterstützung dafür entschieden, unseren Kindern vorzuleben, wie man auch ein so schweres Schicksal meistern kann. Es gibt keine Garantie auf ein dauerhaft glückliches und unbeschwertes Leben, auch in der Kindheit nicht. Aber man kann seinen Kindern bestmöglich helfen, Krisen durchzustehen, mit der eigenen Kompetenz als Eltern und mit Hilfe von außen.

Mit dem Gedanken, schlechte Eltern zu sein, quälten wir uns ja ohnehin durch die Tatsache, das uns »so etwas« passiert war (siehe unser Buch »Mut zur Klarheit«). Warum hatten wir nicht erkannt, wie verzweifelt Nina gewesen war? Warum hatten wir mögliche Vorzeichen auf einen Suizid nicht gesehen? Hatte ich nicht selbst über andere betroffene Familien früher gedacht: Da muss doch etwas schiefgelaufen sein? Ich schämte mich so! Doch unserer

Kinder- und Jugendpsychiaterin, bei der Nina und unser Sohn in Behandlung gewesen waren, gelang es, diesem bohrenden Gefühl Folgendes entgegenzusetzen: Wenn ich unsere Familie von außen betrachtete, hätte ich dann immer noch den Eindruck, etwas sei daran falsch? Nein, diesen Eindruck hatte ich nicht, auch wenn ich ganz ehrlich mit mir war. Wie viele lebten ein ähnlich vielfältiges und aktives Leben und waren nicht von Depressionen betroffen. Nina hatte es nicht geschafft, sich uns Erwachsenen anzuvertrauen (auch ihrer Ärztin nicht). Sie war in Behandlung, hätte es klare Anzeichen gegeben, wäre von mehreren Seiten sofort reagiert worden.

Wir waren eine starke Familie und wollten es auch bleiben. Wir mussten dieses Schicksal nun meistern, und zwar so, dass es alle heil überstehen würden (auch an Ninas Genesung glaubten wir noch fest). Dafür galt es nun, die volle Verantwortung zu übernehmen, wir mussten auf unsere Kinder und auf uns selbst schauen, damit die Energie für alles reichte. Wir holten uns Hilfe, wo sie nötig war, und griffen auf unsere vielfältigen Kompetenzen als Pädagogin, Trainer und AVWF-Coaches zurück. Verantwortung übernehmen, Lösungen finden, Beziehungen gestalten – all das sind tragende Säulen von Resilienz.

Unser gemeinsamer Weg, unser gemeinsames Kämpfen schweißten uns als Paar zusammen. Bisherige Beziehungsprobleme rückten fast in den Hintergrund. Mit Ausnahme des Themas Schuld: Wir haben schon in »Mut zur Klarheit« erläutert, dass es eine Phase gab, in der ich Alex für alles, was geschehen war, die Schuld gab. Dass er in seiner Zeit als Skisprungtrainer weder körperlich noch gedanklich für unsere Familie da gewesen war, dass nur der Erfolg seiner Athleten gezählt hatte.

Hinter dem stand aber auch meine Wehmut darüber, dass ich mir immer ein anderes partnerschaftliches Zusammenleben gewünscht hatte. Alex' Beruf brachte es mit sich, dass wir eine sehr klassische Aufgabenteilung lebten: Er verdiente das Geld, und ich kümmerte mich um Familie und Haushalt. Ich hatte es zwar geschafft, neben den Kindern zu studieren und schließlich auch zu arbeiten, das bedeutete aber auch eine riesige Kraftanstrengung, wie mir erst heute so richtig bewusst ist.

In dieser akuten Phase gab diese Aufgabenteilung aber auch Sicherheit. Jeder kümmerte sich um das Gewohnte, und das war schwer genug. Ich konnte Stärke daraus ziehen, wenn ich mit den Kindern etwas unternommen hatte, Alex, wenn er beruflich unterwegs gewesen war. Ich unterbrach zu dieser Zeit meine berufliche Tätigkeit, niemals hätte ich mich in unserem Zentrum für Stressregulierung und Lernförderung um die Probleme anderer Menschen kümmern können.

Unsere Wertschätzung füreinander, für das, was wir leisteten, wuchs in dieser Zeit ungemein. Ich war froh und stolz, wenn Alex von einem Vortrag heimkam, er wusste genau, wie wertvoll ich für unsere Kinder in dieser Situation war.

Gleichzeitig waren wir im Laufe der Zeit beide dazu gezwungen, unsere »Komfortzone« zu verlassen. Jeder von uns musste auch Aufgaben übernehmen, die ihm nicht so leichtfielen. In meinem Fall hieß das beispielsweise, auch einmal etwas energisch einzufordern und nicht nur die »Liebe und Nette« zu sein; sei es in Bezug auf die Pflege bei Nina oder in Bezug auf die Schule bei den anderen Kindern. Auch für die Unterstützung in der Kinderbetreuung musste ich mich auf die Füße stellen, denn 13 Monate sind eine lange Zeit. Situationen, in denen ich forscher auftreten musste, hinterließen bei mir ein ambivalentes Gefühl. Einerseits war ich stolz darauf, mich durchgesetzt zu haben, andererseits fühlte ich mich schlecht dabei, andere womöglich verletzt zu haben.

Kognitiv war mir zwar klar, dass mein Vorgehen unerlässlich gewesen war, mein Körper und meine Emotionen kamen aber nicht mit und zeigten entsprechende Stressreaktionen (mehr dazu später).

Als klassisches Liebespaar gab es Alex und mich zu diesem Zeitpunkt kaum noch. Wir waren in erster Linie Eltern. Für mich war körperliche Nähe fast nicht möglich. Ich hatte das Gefühl, unseren Kindern in dieser Situation so viel geben zu müssen, dass ich für Alex keine Energie mehr übrig hatte. An Intimität war nicht zu denken, die ständige Alarmbereitschaft und auch Erinnerungen an das Geschehene in völlig »unpassenden« Momenten ließen mich nicht zur Ruhe kommen. Zudem war Schlaf ein wertvolles Gut. Beide hatten wir in den ersten Tagen bzw. Wochen Medikamente gebraucht, um überhaupt etwas abschalten zu können, doch wir wollten keine Abhängigkeit riskieren und nahmen die entsprechenden Benzodiazepime nur sehr eingeschränkt.

Für mich war es daher wichtig, gerade am Abend auch kurze Auszeiten für mich selbst zu bekommen, um besser ausruhen zu können. Wir schliefen daher in getrennten Zimmern. Ich musste mich als Erwachsene, so gut es irgendwie möglich war, um meine Regeneration kümmern, um das Pensum, das wir auferlegt bekommen hatten (und wir auch selbst auf uns nahmen) schaffen zu können. Auch Selbstfürsorge gilt als ein Baustein von Resilienz.

Denn jeder Tag war anders, jeder Tag konnte eine weitere Verschlechterung bringen, und weitere Hiobsbotschaften blieben in diesen 13 Monaten des Wachkomas nicht aus. Alex' allmorgendliches Telefonat mit Ninas PflegerInnen war ein erstes Check-up für den Tag, je nachdem was vorgefallen war, richteten wir uns darauf ein, was uns heute erwartete. Mein Optimismus war dabei unerschütterlich: Egal von welchen Sorgen die Pflegekräfte berichteten, ich fand immer etwas Positives dabei. Optimismus, der feste Glaube daran, dass Krisen überwunden werden können, ist eine weitere Säule von Resilienz.

Meinen ansteckenden Optimismus habe ich bis heute nicht verloren. Egal wie tief die Täler sind, die wir immer wieder durchschreiten müssen, es gibt immer eine positive Zukunft für uns.

2.1 Wenn Trauer-Vorbilder fehlen

Als wir nach Ninas Tod am frühen Vormittag von der Klinik den ersten Schritt ins Freie taten, wurde mir schlagartig klar: Unser Leben würde niemals wieder so sein, wie es früher gewesen war. Wir kamen hinaus in eine Welt, die sich einfach weiterdrehte, während unsere durch diese tiefgreifende, schockierende und gleichzeitig unglaublich innige Erfahrung einfach stehen geblieben war. Doch für wirkliche Trauer war zunächst kein Platz. Die Tage bis zum Begräbnis überstanden wir in gewohnter Manier: Wir funktionierten und organisierten. Es tat unglaublich gut, dass so viele Menschen an Ninas Grab mit uns Abschied nahmen. Es erreichten uns unzählige Nachrichten und Briefe voller Mitgefühl und versuchtem Trost. Dann stand auch schon das Weihnachtsfest vor der Türe, von dem sich unsere jüngeren Kinder so sehr wünschten, dass wir es mit den Großeltern möglichst ohne Traurigkeit feierten.

Doch danach waren wir – nicht zuletzt aufgrund der Feiertage und Ferien – auf uns allein gestellt: Es blieb unendlich viel Zeit zum Fühlen und zum Nachdenken. Wir hatten uns darauf eingestellt, uns auf die Trauer voll und ganz einzulassen. Ninas Ärztin hatte vor allem bei mir die Sorge geäußert, dass ich in ein tiefes Loch fallen würde, jetzt da alle Hoffnungen bitter enttäuscht worden waren. Ich war gedanklich darauf vorbereitet. Ich wollte es mir erlauben, mir das Trauern von niemandem verbieten lassen. Die Trauer ist ein ganz individueller Prozess, jeder verarbeitet den Verlust eines geliebten Menschen anders. Das war uns beiden klar, und wir wollten uns dabei weder gegenseitig noch wollten wir unseren Kindern im Wege stehen. Wir würden es hinnehmen, wenn der eine weinte, die andere wütend war, sich der eine zurückzog, während die andere über ihre Gefühle reden wollte.

In den ersten Wochen nach Ninas Tod empfanden wir die Trauer in erster Linie als ein allumfassendes Gefühl. Da war so eine große Leere, so viel Traurigkeit, eine unglaubliche Sehnsucht, so starke Verzweiflung – und der Wunsch, ebenfalls zu sterben. Alles erschien plötzlich sinnlos. In der Zeit, als Nina im Wachkoma gelegen hatte, war es fast jeden Tag um Leben und Tod gegangen – jetzt drehte sich alles plötzlich um scheinbar nichtige Alltagssorgen. Vor allem die Probleme anderer Menschen kamen uns so klein und unnötig vor. Ich, die zuvor stundenlang die Kummertante für andere hatte sein können, wollte und konnte nicht mehr zuhören. Keine fünf Minuten mehr. Die restliche Kraft, die ich noch hatte, wollte ich nicht an die lächerlichen Sorgen anderer verschwenden. Denn Trauern kostete Kraft. Viel mehr, als wir je vermutet hatten.

Die Gefühle drängten sich jetzt mit solcher Vehemenz und Gewalt auf, dass sie kaum zu ertragen waren. Zumal wir ja in den Monaten zuvor darauf angewiesen waren, sie, so gut es ging, zu verdrängen. Wir betrauerten nicht nur den Verlust unserer Tochter, sondern auch dass uns überhaupt so etwas Schreckliches zugestoßen war. Im Grunde war diese erste Zeit der Trauer wie eine Achterbahn im Dunkeln: Wir wussten nie, wann es aufwärts und wann es abwärts gehen würde. An einem Tag ging es uns gut, am nächsten schon wieder schlecht, wobei die Stimmung oft innerhalb von Stunden wechselte. Wir konnten nur auf die in uns hochsteigenden Gefühle reagieren, und meist waren wir von ihnen überfordert.

Gleichzeitig trugen wir als Eltern aber auch noch Verantwortung für drei weitere Kinder. Mit voller Intensität trauern und trotzdem wieder in ein »normales« Leben zurückfinden – diese beiden Dinge erwiesen sich für uns immer mehr als zwei nicht zu vereinbarende, ja einander entgegengesetzte Pole. Wir wollten uns zwar auf die Trauer einlassen, aber wir wussten nicht, wie trauern »funktioniert«. Der kognitive Zugang fehlte als unterstützende Basis.

So räumten wir Erwachsenen der offenen Trauer schon bald immer weniger Platz ein. Jeder von uns machte das entweder mit sich selbst oder mit dem/der eigenen TherapeutIn aus. Wir weinten fast nie gemeinsam. Wenn der eine traurig war, blieb der andere stark, um ihn aufzufangen. Wir wollten einander stützen, damit wir für unsere Kinder weiterhin »gute« Eltern sein konnten. Aus diesem Grund zeigten wir vor den Kindern unsere Traurigkeit ebenfalls nur wenig. Meine größte Angst war es, dass eines der Kinder mich trösten müsste, so wie ich es in meiner Jugendzeit erlebt hatte. Die Kinder sollten auf keinen Fall die Rolle der Erwachsenen einnehmen müssen. Eltern trösten ihre Kinder und nicht umgekehrt. Ich redete mit den beiden Mädchen über ihre Trauer, nicht über meine. Mit unserem erwachsenen Sohn zu sprechen, fiel uns zu dieser Zeit überhaupt schwer. Er war gerade dabei, sein eigenes Erwachsenenleben zu gestalten, und unsere Trauer sollte ihn dabei nicht aufhalten.

Ich weiß noch, dass ich irgendwann nur noch hoffte, dass es endlich besser werden würde. Kaum hatte ich ein paar leichtere Tage erlebt, an denen wir sogar wieder gemeinsam gelacht hatten, brach wieder eine Welle der Verzweiflung über mich herein. In meiner Not besann ich mich meines Pädagogik-Studiums, bei dem ich mich im Rahmen eines Seminars zum Thema »Altern« einmal mit dem Trauern befasst hatte. Rein theoretisch natürlich, aber immerhin hatten wir über die Phasen der Trauer nach Elisabeth Kübler-Ross gelernt: Leugnen, Wut, Feilschen und Verhandeln, Depression und Akzeptanz. Diesen fünf Komponenten von Trauer müsste man sich stellen, um den Trauerprozess erfolgreich abschließen zu können.

Ich überlegte, in welcher Phase ich mich wohl befände, kam aber auf keinen grünen Zweig, da es ja immer wieder

»Rückschritte« gab oder die Reihenfolge nicht passte. Außerdem wurde mir nicht klar, was es da zu verhandeln gäbe, denn Nina war ja tot und kam nicht mehr zurück. Ich versuchte auch Alex diesbezüglich zu analysieren und hatte den Eindruck, er sei auf jeden Fall langsamer als ich, auch wenn sich meine Position ja gar nicht fassen ließ. Heute weiß ich, dass dies mein Versuch war, mein Gefühlschaos kognitiv irgendwie in den Griff zu bekommen. Ich steckte in dem Zwiespalt fest, dass ich mir einerseits von niemandem in meiner Trauer etwas »vorschreiben« lassen wollte, sie gleichzeitig aber auch nicht ungehemmt ausleben konnte. Zu diesem Zeitpunkt war es für mich auch völlig unmöglich, Bücher über Trauer (von denen es sehr gute gibt) zu lesen. Allerdings war ich sehr erleichtert, als ich mehrere Artikel zu den Trauerphasen von Kübler-Ross fand, die darüber aufklärten, dass diese ursprünglich für todkranke, sterbende Menschen »entwickelt« worden waren. Ich fühlte mich also weder verpflichtet, meine Trauer »abzuarbeiten«, noch mit Nina »abzuschließen«.

Trauer ist in unserer Gesellschaft für viele Menschen etwas ganz Persönliches, das mit sich selbst ausgetragen wird. Wer noch keinen Trauerfall in seinem unmittelbaren Umfeld erlebt hat, dem fehlen die Vorbilder. Noch schwieriger wird es, wenn sich das Sterben nicht an die vermeintlich natürliche »Reihenfolge« hält: wenn Kinder vor ihren Eltern gehen. Der erste Todesfall, den ich miterlebte, hatte meine Herkunftsfamilie überraschend ereilt. Ich war gerade ein Teenager geworden, als mein Opa starb. Er war der zweite Mann meiner Großmutter gewesen, bei der ich mehr oder weniger aufgewachsen bin. Ihren ersten Mann hatte sie kurz vor meiner Geburt verloren.

Ich kann mich heute nur mehr an die Rituale des damaligen Begräbnisses erinnern und dass ich es war, die meine Großmutter auf dem Weg zum Grab stützte. Irgendwie fühlte ich mich stark dabei, aber ich weiß noch, dass ich sofort ein schlechtes Gewissen hatte, als ich jemanden, den ich in der Menge erkannte, anlächelte. Bei einem Begräbnis lacht man doch nicht. Niemals hat jemand davor oder danach aus meiner Familie mit mir darüber gesprochen. Unser Leben ging einfach weiter. Jeder machte diesen Verlust mit sich selbst aus.

Wenn ein älterer Mensch stirbt, dann können wir uns an bekannten Ritualen gut festhalten. Zumal der Verstorbene sein »Leben gelebt« hat und nicht »vor der Zeit« gehen musste. Nach der Verabschiedung wird Beileid gewünscht (außer es wurde in der Todesanzeige ausdrücklich darauf hingewiesen, dass die Hinterbliebenen dies nicht möchten), dann wird miteinander gegessen, und es werden Anekdoten über den Verstorbenen ausgetauscht. Danach geht jeder nach Hause und nimmt sein normales Leben wieder auf. Die Einschränkungen in der Corona-Pandemie, die ein gewohntes Begräbnis nicht möglich machten, haben gut gezeigt, wie sehr sich die Menschen an solchen Ritualen festhalten. Die nötigen Abweichungen davon haben vielen Kummer und Stress bereitet.

Als Alex in seinen ersten Jahren beim ÖSV Co-Trainer von Alois Lipburger war, verstarb dieser auf dem Heimweg von einem Weltcupspringen in Deutschland bei einem Autounfall. Die Todesnachricht erreichte uns mitten in der Nacht, Alex war mit einem anderen Auto gefahren und gerade erst heimgekommen. Zum ersten Mal bekam ich eine Ahnung, was es in so einer dramatischen Situation hieß, Beistand zu leisten – direkt in dieser Nacht und auch in den Tagen rund um das Begräbnis. Das Haus der Lipburgers war voller Menschen, es wurde gekocht und gemeinsam gegessen. Der Beisetzung ging ein würdevoller Gottesdienst in Stams voraus, an dem so viele teilnahmen: FreundInnen, WegbegleiterInnen und Verwandte kamen von überall her.

Ich weiß noch, dass ich es nicht wagte, mich in den ersten

Wochen nach dem Begräbnis bei Alois' Witwe zu melden. Ich dachte mir, ich sei ihr zu wenig nahegestanden, um mich in so einer traurigen und intimen Phase »aufzudrängen«. Es gäbe »Geeignetere«, die sich um sie »kümmern« würden. Dem war nicht so.

Auch wir waren in der Zeit, als Nina im Wachkoma lag, und rund um das Begräbnis von FreundInnen und Familie gut unterstützt worden. Doch auch für uns endete die Anteilnahme der anderen viel zu früh, teilweise schon nach ein bis zwei Monaten. Dafür gab es viele verschiedene Gründe, und die meisten basierten unserer Erfahrung nach auf eigener Unsicherheit oder schlichtem Unwissen. Trauer gilt in unserer Gesellschaft als Privatsache und etwas, das so schnell wie möglich »abzuarbeiten« ist. Wer zu lange braucht, gilt als verbittert und hat damit auch noch in der Trauer versagt.

Wir wurden nach Ninas Tod zwar noch eine Zeit lang von meinen Freundinnen bekocht, und ich machte auch weiterhin regelmäßig Bergtouren mit ihnen, doch es war bald klar: Es gibt nicht viele Menschen, die wirklich in der Lage sind, die Trauer eines anderen nachhaltig mitzutragen. Und in unserem »Fall« hatten wir ja schon zuvor 13 Monate lang Unterstützung und Rücksicht beansprucht.

Trauer schreckt ab, beruflich wie privat. »Wir wollen unseren Kunden ein fröhliches Weltbild vermitteln, da passen Sie nicht ins Bild«, das musste sich Alex von einem langjährigen Partner aus Skisprungzeiten anhören. »Es ist schön, dass man mit euch wieder lachen kann«, sagte jemand eineinhalb Monate nach Ninas Tod, ohne auch nur einen einzigen Tag mit mir wirklich getrauert zu haben. »Wir treffen uns heute, um alles Unangenehme hinter uns zu lassen, um einmal richtig abzuschalten«, so das vorsorglich formulierte Credo für Freizeit-Unternehmungen mit FreundInnen, um ja keine traurige Stimmung aufkommen zu lassen.

Zum Glück gab es aber auch die Menschen, die uns »trotz«

unseres Schicksals ertrugen, die unsere Gesellschaft und unsere Arbeit wertschätzten. Oft waren das Begegnungen, bei denen schnell klar wurde, dass unser Gegenüber eine Ahnung von dem hatte, was wir durchmachen mussten. Zwar selten in dem dramatischen Ausmaß, aber doch so, dass man einander ohne viel Worte verstand.

Doch es sind nicht nur die »anderen«, die einem mit dieser Vorstellung von Trauer begegnen, es sind auch die eigenen Gedanken. Keiner von uns wusste, wie sich so erdrückende Trauer anfühlte, wie lange sie andauerte, was sie bewirkte! Vor anderen Menschen zu weinen und zu klagen fiel mir deshalb schwer. Kamen mir doch die Tränen, wurde es mir schnell unangenehm, und ich schluckte sie hinunter, so gut es ging. Manchmal weinte ich alleine am Friedhof, doch es gab Zeiten, da konnte ich wochenlang nicht zu Ninas Grab gehen. Der einzige Platz, wo ich hemmungslos weinen und trauern konnte, war bei meiner langjährigen Therapeutin, die mir die wichtigste Stütze in dieser Zeit war.

Die Trauer mit all ihren Gefühlen, ihrem oft überraschenden Auftauchen in Wellen machte mit uns quasi, was sie wollte. Kognitiv war ihr mit unserem »Vorwissen«, mit unseren Erfahrungen nicht beizukommen. Ich hätte es in diesem ersten Jahr nach Ninas Tod auch nicht geschafft, Bücher über Trauer zu lesen oder mich einer Selbsthilfegruppe anzuschließen. Denn tief irgendwo in mir drin versteckte sich die Angst, nicht »richtig« zu trauern. Was, wenn kluge Fachbuch-AutorInnen fordern würden, ich müsse mein verstorbenes Kind endlich loslassen? Die Trauer »verarbeiten«, und damit irgendwann beenden? Die Liebesbeziehung zu Nina abbrechen, nur weil sie gestorben war. »Loslassen« – auf dieses Wort reagierte ich schnell allergisch.

Was in dieser Situation half und mehr Klarheit brachte, waren Gespräche mit ähnlich Betroffenen – mit Eltern, die ebenfalls ein Kind verloren hatten, aber auch mit Menschen, die bereits in jungen Jahren Witwe oder Witwer geworden waren. Oft war es bei meinen GesprächspartnerInnen schon Jahre her, dass sie einen schweren Verlust erlitten hatten. Doch genau das interessierte mich: Ich wollte wissen, wie es weitergeht. Wird es irgendwann besser? Kann man wieder ganz glücklich sein? Muss man die Beziehung zu einem geliebten verstorbenen Menschen wirklich loslassen? Nein, muss man nicht. Das weiß ich heute, das wurde mir damals bald klar.

Birgit Lauda wurde nach dem Tod ihres Mannes einmal mit der so treffenden Aussage zitiert: »Die Liebe zu einem Menschen endet nicht mit dessen Tod.« Trauer ist nichts anderes als ein Zeichen meiner Liebe zu meiner Tochter. Und ich werde sie immer lieben, so lange ich lebe. Wir feierten fast trotzig Ninas Geburtstag mit ihren und unseren FreundInnen, mit der Familie. Wir wollten damit ein Zeichen setzen, denn wie soll man den Tag, an dem ein Mensch, den man über alles liebt, geboren ist, sonst begehen? Den Tag der Geburt der eigenen Tochter auslassen, nur weil sie gestorben ist?

Heute ist mir klar, dass wir für unsere Kinder keine Vorbilder in der Trauer waren, doch das war uns damals noch nicht bewusst. Wir waren Vorbilder im Durchbeißen, im Funktionieren, im »Das-Schicksal-Meistern-und-nicht-Aufgeben«. Das war unsere Strategie, um mit diesem starken Gefühl der Trauer umzugehen: ins Tun kommen. Die Stärke, die wir in der Akutphase entwickelt hatten, nun auch zur Bewältigung unseres zukünftigen Lebens aufzubringen.

2.2. Allein mit Stärke zurück zum Glück?

Wenn ich heute zurückblicke, dann würde ich behaupten, dass wir lange Zeit passiv, aber nicht aktiv getrauert haben. Die Gefühle der Traurigkeit, der Sehnsucht, der Verzweiflung, der Lähmung überwältigten uns mit jeder Welle. Jedes Mal fühlte ich mich schwach, hilflos, antriebslos. Und mit jeder weiteren Welle tauchte die Frage auf: Wie lange dauert das noch? Warum gerade jetzt, wo es mir in den letzten Wochen gerade so gut gegangen ist? Gute Phasen brachten gerade im ersten Trauerjahr so viel Erleichterung: Wenn wir wieder einmal gemeinsam herzhaft lachen konnten, wenn ich mich über einen kleinen Vogel im Garten über alle Maßen freuen konnte.

Schlechte Phasen warfen mich zurück in unser Unglück. Alex erging es ähnlich. Gemeinsam entwickelten wir Strategien, um harte Trauerrückfälle zu vermeiden. Wir schauten keine Fotos von früher an, wo Nina darauf zu sehen sein könnte. Die Erinnerung war zu schmerzhaft. Wir vermieden es, Orte aufzusuchen, wo wir mit Nina gewesen waren. Die Erinnerung war zu schmerzhaft.

Was die ersten Wochen und Monate der allumfassenden Trauer brachten, war eine gewisse körperliche Erholung (dazu später mehr). Wir mussten nicht mehr jeden Tag den Spagat zwischen Ninas Betreuung in der Klinik, unseren jüngeren Kindern und dem Berufsleben schaffen. Die ständige Anspannung nahm ab, obwohl eine gewisse Alarmbereitschaft blieb, denn wir befanden uns ja in der Bewältigung der Krise nach der Krise. Dieser Freiraum setzte auch einen Prozess in Gang, der uns erst wirklich realisieren ließ, was uns zugestoßen war. Was wir alles durchgemacht hatten, wie abhängig wir von der Hilfe anderer Menschen gewesen waren.

Hilfe zu brauchen ist ein zweischneidiges Schwert: Einerseits waren wir extrem dankbar, denn anders hätten wir diesen Spagat nicht geschafft. Hilfe bedeutet zugleich auch Anerkennung und Bestätigung: Unsere Situation war so schlimm, dass viele uns unbedingt helfen wollten. Andererseits fällt es oft nicht leicht, Hilfe anzunehmen, gerade wenn man nicht in der Lage ist, etwas zurückzugeben. Wir haben eine Ahnung davon bekommen, wie wertvoll bedingungslose Hilfe ist, aber auch, dass es sie nur selten gibt.

Auch der/die Helfende bekommt in gewisser Hinsicht eine Gegenleistung: Die Anerkennung, etwas Wertvolles geleistet zu haben. Eine an sich sehr bedrückende Situation lässt sich so besser und leichter ertragen. Diese Wertschätzung vermittelte ich ihm/ihr von Beginn an in hohem Maße. Wenn ich schon nichts für den anderen tun konnte, dann wollte ich mich wenigstens bedanken, dem anderen zeigen, wie großartig er sich verhielt. Wir nahmen zu diesem Zeitpunkt auch viel stillschweigend hin, womit wir nicht so ganz einverstanden waren. Hilfe kann auch übergriffig sein: Es fühlt sich nicht gut an, wenn sich der Helfer quasi über einen stellt, sich überlegen fühlt, die Schwäche der anderen ausnutzt. Das gilt nicht nur im Privaten, sondern auch für die professionellen HelferInnen, das Personal in der Klinik.

Aber wir waren in der Akutphase absolut abhängig von der Hilfe anderer, deshalb fiel kaum ein böses Wort. Und wenn doch, dann musste der Konflikt ganz schnell wieder bereinigt werden. Nach Ninas Tod waren wir zwar noch froh um Unterstützung, aber wir brauchten keine Hilfe in dem Ausmaß wie früher. Das tat gut und gab uns eine länger nicht gekannte Freiheit wieder. Wir konnten und wir wollten unser Leben wieder selbst in die Hand nehmen. Das galt vor allem für uns als Kernfamilie. Es war uns klar, dass jeder Abstriche gemacht hatte, dass die Kinder sich auf mehrere andere Bezugspersonen hatten einstellen müssen, doch jetzt wollten wir wieder zusammenwachsen.

Bei Alex und mir erwachte der Kampfgeist: Wir zeigen es

allen, dass wir das schaffen. Es würde nicht einfach werden, das war klar, denn jeder von uns befand sich in einer anderen Phase der Verarbeitung, jeder ging anders mit dem Geschehenen um. Wir mussten es schaffen, alle Bedürfnisse unter einen Hut zu bringen.

Ab diesem Zeitpunkt wiederholte sich etwas, was wir bereits gut kannten – und zwar nicht nur aus der Akutphase, sondern auch aus Alex' Trainerzeit: Wir übernahmen wieder unsere alten Rollen innerhalb der Familie. Alex kümmerte sich darum, beruflich wieder Fuß zu fassen, ich übernahm die Beziehungsarbeit und war Energietankstelle für alle Familienmitglieder. Jeder trug wieder seinen Gedankenballast (in der Fachsprache Mind-Load genannt) mehr oder weniger alleine: Alex für unsere wirtschaftliche Versorgung, ich für die Sorgen und Bedürfnisse der Kinder. Natürlich sprachen wir auch miteinander, unterstützten einander, so gut es ging, doch die Hauptverantwortung blieb beim jeweils Einzelnen.

Nach außen und auch nach unserem damaligen Empfinden war es immer ein Miteinander, wir ergänzten einander in unseren Rollen prächtig. Doch tief im Inneren blieb jeder mit seinen Ängsten und Sorgen allein und fühlte sich irgendwann damit überfordert. Bereits zu diesem Zeitpunkt, also rund ein Jahr nach Ninas Tod, hätte unsere Beziehung in die Brüche gehen können. Es ist absolut verständlich, dass andere Paare an so einer Herausforderung scheitern. Jeder verarbeitet einen solchen Schicksalsschlag anders, abhängig von seiner Vorgeschichte, von den Verhaltensmustern, die er als Kind und auch später gelernt hat. In so einer Situation zeigt sich, ob die jeweiligen Muster sich ergänzen oder nicht. Was nicht bedeutet, dass sie sich auf gesunde Art und Weise ergänzen.

Unser Verlangen nach Harmonie, unsere Konfliktscheu verhinderten, dass unsere beiderseitige Überforderung in einen ständigen oder lautstarken Streit ausartete. Wir nahmen

Rücksicht aufeinander, wollten keine offenen Aggressionen zulassen, schließlich wusste jeder von uns, was der andere durchgemacht hatte. So gingen wir weiter gemeinsam unseren Weg, jeder mit anderen Strategien.

Was uns erst jetzt bewusst wurde, ist die Tatsache, dass uns nicht nur der Wunsch nach Bewältigung und Harmonie antrieb, sondern auch das Bedürfnis, eine bestimmte Fassade aufrechtzuerhalten: nämlich stark, ja fast übermenschlich in der Bewältigung unseres Schicksalsschlags zu sein. Wir hatten eine unglaubliche Stärke entwickelt, während Nina im Wachkoma lag, und nach ihrem Tod. Ohne diese Kraft hätten wir das alles nicht durchgehalten, und es wäre uns auch nicht möglich gewesen, so offen über unser Schicksal zu sprechen. Worte zu finden, der Sprachlosigkeit zu entfliehen – das erschien uns (überlebens-)wichtig. Gleichzeitig transportierten wir damit aber auch ein Bild unserer Familie, das eine nachhaltige Heilung unmöglich machte.

Wir kommunizierten zwar unsere Trauer, unsere Verletzlichkeit mit Worten, aber ehrlich und offen gezeigt haben wir sie nur selten. Darüber reden und gleichzeitig stark sein – das fühlte sich viel besser an. Einen kompletten Zusammenbruch wollte sich keiner von uns leisten, schon wegen unserer Kinder nicht, doch auch schon in die Nähe eines Kollapses zu geraten, barg höchste Gefahr und löste größte Angst aus.

Um das eigene Selbstbild nach so einem Schicksalsschlag (Ninas Suizidversuch bewirkte, wie erwähnt, bei uns starke Schuldgefühle) wiederaufzurichten, brauchte es das Bild der starken Familie. Die Wochen der allumfassenden Trauer nach Ninas Tod hatten sich so furchtbar angefühlt, waren so überwältigend gewesen, dass wir bei jeder kurzen Besserung Angst davor hatten, wieder in so ein tiefes Loch zu fallen. Denn die Wellen der Trauer stürzten ohne Vorwarnung über uns herein. Ein Ausflug an den wunderbarsten Platz der Erde konnte trotz aller Schönheit eine so tiefe Sehnsucht nach unserer Tochter auslösen, dass der Moment des dankbaren Genießens unmittelbar umschlagen konnte in den Wunsch nach dem eigenen Tod.

Trauer wurde irgendwann für uns gleichbedeutend mit Schwäche. Und Schwäche fühlte sich furchtbar an, als ob man von einem schwarzen Loch verschluckt würde. Schwäche löste zunehmend auch bei anderen Ungeduld, Verstörung, Ablehnung oder Unverständnis aus. Doch der stärkere Motor, nämlich keine Schwäche zu zeigen, arbeitete in uns selbst. Wie lange gesteht man sich selbst zu, »nichts« zu leisten? Und ist Trauern an sich schon eine Leistung? Solche und ähnliche Fragen tauchten schon nach wenigen Monaten auf, schließlich ging das Leben außerhalb unserer Familie weiter. Geld für den Lebensunterhalt musste verdient werden, die Schule forderte wieder Leistung ein (denn man könnte ja lebenswichtigen Lernstoff verpassen), und wir selbst wollten auch wieder Freunde/Geschäftspartner sein, mit denen man sich gerne traf (die nicht durch ihre bloße Anwesenheit die Stimmung drückten).

Gleichzeitig war uns klar, dass wir nicht so einfach weitermachen konnten wie vor Ninas Suizidversuch. Ihr Tod hatte alles verändert, unser Leben würde niemals wieder so sein wie vorher. Doch wie den Spagat schaffen zwischen dem Wunsch nach Veränderung und den verinnerlichten gesellschaftlichen Maßstäben? Was tun, wenn man sich selbst nicht die Erlaubnis geben kann, schwach zu sein? Wenn das O.K. von außen ebenfalls nicht kommt?

Wir unterdrückten die eigenen zwiespältigen Gefühle und konzentrierten uns auf das Außen. Das war es, was uns in dieser Zeit am meisten zusammenschweißte. Die Wut darüber, die Trauer, nicht frei leben zu können und mit unseren wahren Bedürfnissen nicht gesehen zu werden, richtete sich gegen andere: gegen die eigene Herkunftsfamilie, gegen ehemalige Arbeitskollegen, gegen übergriffige Helfer, gegen Menschen, die uns kein Verständnis entgegenbrachten.

Im Rückblick gesehen, starteten wir an diesem Punkt unserer Krisenbewältigung allerdings auch einen wichtigen Prozess der Abgrenzung. Denn so ambivalent unser eigenes Innenleben auch war, wir hatten doch gemeinsam einen klaren Entschluss gefasst: Wir machen nicht mehr so weiter wie vorher. Unsere Werte hatten sich geändert, und das sollte sich sowohl im Privaten wie auch im Beruflichen niederschlagen.

In unserem Denken hatte ein Paradigmenwechsel stattgefunden: von »das ist alles so schlimm« zu »wir wollen gar nicht mehr weitermachen wie vorher«. Diese Überzeugung gab uns die Kraft weiterzumachen, an uns zu arbeiten und persönliche bzw. berufliche Enttäuschungen wegzustecken. Wir bestärkten einander darin, keine Energie mehr in berufliche oder private Unternehmungen zu investieren, die uns nicht guttaten. Das galt auch für Beziehungen mit Menschen, die durch ihr toxisches Verhalten unsere Krise nur verstärkten.

Was an dieser Stelle wie ein klarer, kurzer Schnitt wirkt, ist in Wahrheit ein schmerzhafter Prozess, der sich über Jahre erstreckte. Mehr als einmal wurde Alex als Vortragender oder Produktbotschafter abgelehnt, weil er aufgrund unseres Schicksalsschlages zu »negativ« wirken würde. Auch wenn er sich nach so einer Ablehnung damit tröstete, dass er mit so jemandem gar nicht zusammenarbeiten möchte – es nagt innerlich. Die kognitive Überzeugung, andere Werte leben zu wollen, verändert nicht automatisch die Gefühlsebene. Aber der erste Schritt für eine persönliche Weiterentwicklung war trotzdem gesetzt.

Diese Abgrenzung in Bezug auf unsere neue Lebenseinstellung lebten wir auch als Eltern: zum Beispiel im Hinblick auf die mentale Gesundheit. Die psychische Erholung unserer Kinder war uns wichtiger als der Schulerfolg. Gute Noten spielten für uns keine Rolle mehr. Natürlich unterstützten wir unsere Kinder weiterhin in ihrer Bildungslaufbahn, doch eine negative Note bedeutete keine Katastrophe und läutete (überspitzt formuliert) auch nicht den Niedergang ihrer beruflichen Zukunft ein. Von dieser Vorstellung hatten wir uns schon seit der Depression unseres ältesten Sohnes verabschiedet, doch nach Ninas Tod (die so eine ausgezeichnete und ehrgeizige Schülerin gewesen war) sahen wir es als unsere Hauptaufgabe, ein Gegengewicht zum schulischen Leistungsdruck zu schaffen. Wenn eine unserer Töchter psychisch nicht in der Lage war, den Unterricht zu besuchen, dann blieb sie zu Hause. Aber ich gebe offen zu, dass ich lange Zeit Kopfschmerzen oder andere körperliche Symptome auf dem Entschuldigungsschreiben vermerkte. Dass die psychische Gesundheit genauso wie die körperliche behandelt wird, musste auch ich erst bewusst verinnerlichen.

Denn der Stress, den Eltern gerade bei ihren ersten Kindern bezüglich deren Schullaufbahn empfinden, ist in unserer Gesellschaft oft erschreckend groß. Als ob mit jeder Note die Existenz der Tochter oder des Sohnes auf dem Spiel stünde, wird gelernt und gepaukt. Wir dachten bei unserem ersten Kind nicht anders: Wie schwer fiel es uns zu akzeptieren, dass unser Sohn aufgrund seiner Depression die Schule beendete. Hatten wir uns nicht immer vorgestellt, dass er maturieren und studieren würde? Den Satz »Hauptsache, er findet einen Beruf, der ihn erfüllt und den er gern macht«, auch als Haltung zu verinnerlichen, dauerte lange. Heute geht er unbeirrt seinen Weg und ist glücklich darüber.

Als Nina gestorben war, betrauerten wir nicht nur ihren Tod, sondern auch dass mit ihr ein so unglaublich talentierter und kluger Mensch von uns gegangen war. Sie hatte doch so große Pläne gehabt! In meiner Vorstellung hatte ich sie immer als in den USA Studierende gesehen, so wie sie es sich gewünscht hatte. Sie hätte die Welt für uns erobert, und wir hätten sie als stolze Eltern besucht. Natürlich stellte ich mir als Pädagogin oft die Frage, ob ich Nina mit meinen damals unbewussten Erwartungen womöglich zusätzlich unter Druck gesetzt hatte. Obwohl sie sich selbst ja bereits so ein hohes Leistungspensum auferlegt hatte. Gerade durch unser beider pädagogisches Wissen hatten wir als Eltern versucht, unseren Kindern alle Wege offenzuhalten.

Doch wenn wir ganz ehrlich mit uns selbst sind, gelingt uns das erst jetzt. Jetzt, da unser drittes Kind aufgrund seiner Depression die Schule beenden musste und wir noch nicht wissen, wie es genau weitergeht. Doch eines ist ganz klar: Die mentale Gesundheit steht an erster Stelle. Natürlich wird in diesem Zusammenhang deutlich, wie sehr dieser Fokus auf die psychische Gesundheit auch von finanziellen Ressourcen abhängig ist. Wir können es uns glücklicherweise leisten, dass wir unsere Tochter so lange unterstützen, bis sie den Beruf gefunden hat, den sie ausüben will.

Der Druck, der heutzutage auf Kindern und Jugendlichen lastet, ist riesengroß. Für die Pubertät ist scheinbar keine Zeit mehr. Wer eine Zeit lang nichts oder nur wenig leistet bzw. leisten kann, wird abgeschrieben, und manchmal auch abgeschoben. Viele Schulen wollen mit den psychischen Problemen nichts zu tun haben. Umso glücklicher sind wir als leidgeprüfte Eltern, dass wir derzeit eine Situation erleben, in der sich sowohl die Schulleitung als auch die Schulärztin bewusst für die mentale Gesundheit ihrer SchülerInnen engagiert. Bei allen ist Aufklärung dringend notwendig, um in psychischen Krisen nicht überfordert zu sein: bei den Eltern und bei den LehrerInnen.

Allerdings erfordert dieser Paradigmenwechsel in unserer Erziehung noch immer einen Abgrenzungsprozess. Manchmal fällt es schwer, sich von anderen pflichtbewussten und ehrgeizigen Eltern, die mit ihren Kindern auf diverse Prüfungen lernen, nicht anstecken zu lassen. Die Corona-Krise war in dieser Hinsicht für uns eine Herausforderung, denn uns wurde bald klar, wir haben keine Kraft, um unsere letzte noch schulpflichtige Tochter beim Home-Schooling durchgehend zu unterstützen oder sie zu irgendetwas anzutreiben. Dem Lockdown fielen nämlich die meisten notwendigen Therapien unserer anderen, erkrankten Tochter zum Opfer, weshalb wir als Eltern mehr denn je gefordert waren, unsere Kinder in mentaler Hinsicht zu betreuen. Für Hausaufgaben war da nur wenig Platz. Das vor der Schule und auch vor anderen Eltern deutlich zu vertreten, kostete einiges an Willensstärke. Vor allem da wir gleichzeitig andere kreative Tätigkeiten ja bewusst förderten. Doch das Bemalen sämtlicher Fenster macht nun einmal mehr Spaß als das Ausfüllen diverser Arbeitsblätter und lenkt von der angespannten Stimmung, die dieser Lockdown mit sich brachte, besser ab.

Das heißt natürlich nicht, dass wir gar nichts von unseren Kindern einfordern. Sich um seine mentale Gesundheit zu kümmern, bedeutet nicht, sich den ganzen Tag vom Bildschirm berieseln zu lassen. Mentale Gesundheit braucht körperliche und geistige Bewegung und entsprechenden Zeitaufwand. Ein geregelter Tagesrhythmus ist essenziell, das schrittweise Herantasten an Verpflichtungen ebenfalls. Eine Depression wirkt sich nämlich nicht nur auf die persönliche Stimmung, sondern auch auf das Denkvermögen aus: Man kann sich kaum konzentrieren, kann sich nichts merken, die Aufmerksamkeitsspanne ist nur sehr kurz. Das lässt einen beim Lernen (und auch beim Arbeiten) verzweifeln, und leider helfen gegen diese Symptome der Depression auch die wenigsten Medikamente. Wieder leichte (kognitive) Aufgaben bewältigen zu können, kann also auch als Erfolgserlebnis erfahren werden.

Der Ärger über das Unverständnis mancher Lehrkräfte in Bezug auf Depression, aber auch auf Trauer hat in uns den Kampfgeist geweckt und uns zum Handeln gezwungen. Wut und Aggression sind enorme Antriebskräfte. Wer fühlt sich schon gerne ohnmächtig, hilflos oder unverstanden? Auch in der Corona-Krise zeigte sich nach den ersten Wochen des Lockdowns, was es in Menschen auslöst, wenn sie sich einer prekären unbekannten Situation ausgeliefert fühlen. Nach den ersten Wochen der erhöhten Solidarität kippte die Stimmung. Die einen begannen, auf die Regierung zu schimpfen, oder vermuteten eine große Verschwörung, die anderen waren wütend auf jene, die sich nicht genau genug an die Regeln hielten.

Wiederholt ist an dieser Stelle von Gefühlen die Rede gewesen, obwohl wir uns nach wie vor im Abschnitt über die kognitive Ebene der Krisenbewältigung befinden. Warum ist das so? Ein rein rationales Handeln ist uns Menschen nicht möglich, es sind immer Emotionen im Spiel. Wir haben bei der mittelfristigen Bewältigung unseres Schicksals versucht, unsere übermächtigen Gefühle zu regulieren, indem wir sie unterdrückten und kognitive Erklärungen dafür fanden. Die Verarbeitung dieser fundamentalen Krise ereignete sich also in erster Linie im Kopf. Das sollte sich erst ändern, als bei mir der Körper immer öfter zu streiken begann.

3. Wenn der Körper nicht mehr mitkommt

Wer dafür aufgeschlossen war, fand während der ersten Phase des Lockdowns in allen Medien unzählige Tipps und Ratschläge dafür, wie er seiner psychischen Gesundheit Gutes tun konnte. Ein Spaziergang in der Natur stand dabei ganz oben auf der Liste, und ich habe noch nie so viele Menschen in dem benachbarten Wald getroffen wie zu dieser Zeit. Teilweise mutete es fast unheimlich an, wenn, hinter Büschen verborgen, einzelne Personen auf Baumstrünken saßen und vor sich hin sinnierten. Gleichzeitig war es schön zu beobachten, wie auch Teenager oder junge Erwachsene das gemütliche Flanieren durch den Wald für sich entdeckten.

Achtsam, in moderatem Tempo über Wald und Wiesen zu gehen, ist die effektivste Form der Regeneration. Wenn der Puls um die 100 Herzschläge pro Minute bleibt, dann können Stresshormone abgebaut, Muskeln gelockert und Verspannungen optimal gelöst werden. Nebenbei atmen wir Menschen sogenannte Terpene ein, das sind von Bäumen und Pflanzen in die Luft abgegebene chemische Verbindungen, die sich positiv auf die Erholung des menschlichen Organismus auswirken. Waldbaden als Trend schwappt gerade von Japan, wo es als Methode zur Stressregulation anerkannt ist, auch in unsere Tourismusregionen über.

Alex' ehrgeizige Sportler und meine leistungsbewussten KlientInnen empfanden es als Qual, mit nur 100 Puls, gefühlt in Zeitlupe, ihre Runden zu drehen und vermeintlich »nichts« zu tun – noch dazu eine ganze Stunde lang. Etwas zu leisten, Stress zu haben gehört für viele Menschen beruflich, aber auch privat zum guten Ton. »So viel los im Büro«,

»so lange gearbeitet«, »die Kinder von A nach B und dann noch Hausübungen und lernen«, »am Abend mit dem Rad noch schnell rauf auf den Berg«, »jetzt das Meeting, dann den Termin, dann die Telefonkonferenz« – und und und. Ein sinnerfülltes Leben scheint heutzutage eine reine Abfolge von Terminen zu sein, am besten immer unter Zeitdruck. Stress als Lebenselixier.

Dadurch wird der Begriff »Stress« meist auch gleichgesetzt mit »viel zu tun, vieles im Kopf haben«. Im Duden findet man als Definition »erhöhte Beanspruchung, Belastung psychischer oder physischer Art«. Stress wird als Last empfunden, als etwas, das auf Dauer krankmachen kann. In der Psychologie wurde eine Zeit lang zwischen Eustress und Distress unterschieden: Je nachdem, wie ein Mensch auf eine Belastung reagiert, könne Stress entweder positiv (Eustress) oder negativ (Distress) wirken. Wer motiviert an ein Projekt herangeht, erlebt die damit einhergehende Anspannung als leistungsfördernd, die Aufmerksamkeit steigt, das konzentrierte Arbeiten oder Trainieren setzt Glücksgefühle frei. Als Distress werden jene Reize oder Ereignisse bezeichnet, die überfordernd und bedrohlich wirken, oft über einen längeren Zeitraum anhalten und keine Möglichkeit der Regeneration lassen.

In unserer Arbeit mit SportlerInnen und beruflich stark belasteten Menschen im Rahmen der Audiovisuellen Wahrnehmungsförderung (AVWF) schien es nur Eustress zu geben. Alle waren motiviert bis in die Haarspitzen, Pausen galten als völlig überbewertet, und Regeneration bedeutete entweder ein gutes Fernsehprogramm oder eine schnelle Sporteinheit nach der Arbeit.

Alex erkannte den Wert effektiver und aktiver Regeneration erst, als sich abzeichnete, dass noch mehr Training in einer so sensiblen Sportart wie Skispringen negative Auswirkungen hatte. Noch mehr Krafttraining bedeutete mehr Muskeln, und daher mehr Körpergewicht, ein No-Go, wenn es um die Flugfähigkeiten der Athleten ging. Noch mehr Techniktraining ließ die Athleten mental ermüden, sodass eingeschliffene Fehler nur schwer zu korrigieren waren. Noch mehr (oder überhaupt) Ausdauertraining machte die Beine müde, ein Unding für den notwendigen spritzigen Absprung.

Am Beginn unserer gemeinsamen Beschäftigung mit Stressregulation und Regeneration stand also das Streben nach (noch) mehr Leistungsverbesserung – und zwar zu einem Zeitpunkt, als die »Superadler« am Zenit ihres Erfolges angelangt waren. Zu einem Zeitpunkt, als Alex praktisch rund um die Uhr arbeitete, extrem wenig schlief und abends zum Runterkommen ein paar Bier brauchte. Zu einem Zeitpunkt, als ich neben drei Kindern mein Pädagogikstudium beendet hatte und mit dem vierten schwanger war. Zu einem Zeitpunkt, an dem wir darum kämpften, uns aus einer finanziell bedrohlichen Situation, in die uns der Hausbau gebracht hatte, wieder zu befreien. Dies war gleichzeitig aber auch der Zeitpunkt in unserem Leben, an dem wir uns als »erfolgreich« und »leistungsstark« empfanden. Gemeinsam schafften wir das alles! In gewisser Hinsicht mussten wir es auch schaffen, denn der Spitzensport ist knallhart: Wer siegreich ist, muss siegreich bleiben, sonst werden Helden und Heldinnen schnell vom Podest gestoßen.

Wir waren also nicht auf der Suche nach Regeneration und Entspannung, damit es uns besser ging, sondern um unser ungeheures Pensum weiter durchhalten zu können. So ehrlich müssen wir heute mit uns sein. Und bis zu einem bestimmten Grad funktionierte das Ganze auch. Wir hatten weiter berufliche Erfolge zu verbuchen. Das neu gegründete Zentrum für Wahrnehmungsförderung lief gut an. Unser neu gewonnenes Wissen über Stressregulierung und effektive Regeneration half SportlerInnen wie KlientInnen, Kindern wie Erwachsenen. Unser Sohn konnte dank der AVWF-Methode seine Lese- und Rechtschreibprobleme und ich meine Grundanspannung besser in den Griff bekommen. Das Interesse an dem, was wir da für uns entdeckt hatten, war riesengroß – und der Bedarf auch, denn wir waren längst nicht die Einzigen, die ein Leben auf der Überholspur führten und dieses nicht aufgeben wollten.

In unserem ersten Buch »Mut zum Absprung« erzählen wir ausführlich von den neuen Coachingmethoden, die Alex gemeinsam mit seinem Team und dem Entwickler der Audiovisuellen Wahrnehmungsförderung, Ulrich Conrady, erarbeitet und angewandt hat. In erster Linie geht es dabei um eine Stimulation des sogenannten Vagusnervs. Dieser ist Teil des Parasympathikus, der wiederum gemeinsam mit dem Sympathikus das autonome Nervensystem bildet. Sympathikus und Parasympathikus galten lange als klassische Gegenspieler in der menschlichen Stressreaktion, bis der amerikanische Wissenschaftler Stephen W. Porges mit seiner Polyvagal-Theorie aufzeigte, dass deren Zusammenwirken in Bezug auf Anspannung und Entspannung wesentlich komplexer ist.

Porges veränderte dabei vor allem den Blick auf den parasympathischen Vagusnerv, indem er ihn in zwei Funktionsbereiche aufteilte, die sich in unterschiedlichen zeitlichen Abschnitten der menschlichen Entwicklung herausgebildet hatten (daher moderner und alter Anteil). Während der jüngere, moderne Anteil ein höchst effektives, energiesparendes Anpassungssystem darstellt, organisiert der ältere Anteil des Vagusnervs grundlegende Lebensfunktionen, wie die Verdauung oder den Wach-Schlafrhythmus.

Die große Bedeutung des Vagusnervs insgesamt hatte man schon vor Porges erkannt, denn der zehnte von insgesamt zwölf Hirnnerven agiert als Botschafter zwischen Gehirn und Körper. Mit seinen zahlreichen Verästelungen erreicht er fast alle Organe und bringt von dort Informationen über den

Status quo mit bzw. übermittelt zu einem geringeren Prozentsatz auch Informationen vom Gehirn zu den Organen.

Für unser persönliches Verständnis und unser Arbeiten war das Wissen um die unterschiedlichen Wirkungsweisen der beiden Vagusanteile essentiell. Denn wenn wir von effektiver Erholung und Regeneration sprechen, dann beziehen wir uns auf den modernen Anteil des Vagusnerves: Dank ihm sind – eine sichere Umgebung vorausgesetzt – nicht nur Entspannung möglich, sondern auch optimale Lernbereitschaft und soziale Aufgeschlossenheit.

Erkennt unser Gehirn allerdings eine Gefahrensituation, so wird der Sympathikus aktiv und sorgt dafür, dass für die notwendige Kampf- oder Fluchtreaktion sofort entsprechend mehr Energie vorhanden ist. Atemfrequenz und Herzschlag erhöhen sich, und die Muskulatur spannt sich an, um blitzschnell reagieren zu können.

Unser Gehirn ist unbewusst ständig damit beschäftigt, unsere Umgebung auf Gefahrenquellen hin zu überprüfen. Der Thalamus – eine Region im Zwischenhirn – erfüllt dabei die Aufgabe des Torwächters: Er entscheidet, welche Sinnesreize von außen ins Bewusstsein kommen bzw. bei welchen Eindrücken sofort (ohne Umweg über die Großhirnrinde) die unbewusste Reaktionsmaschinerie anlaufen muss. Dabei durchlaufen alle Informationen – sowohl die von außen als auch jene, die aus dem Körperinneren zum Gehirn geleitet werden – eine Art Bewertungsprozess und werden mit bereits gespeicherten Erfahrungen und Gefühlen abgeglichen. Es ist eine Höchstleistung, die unser Gehirn da vollbringt, und alles dient nur dem Zweck, sich auf Bedrohungen bestmöglich einstellen zu können.

Im Fall einer tatsächlichen Gefahr reagiert unser Organismus, noch bevor wir rational darüber nachdenken können. Schließlich hängt unser Überleben manchmal vom Bruchteil einer Sekunde ab. Fast jeder kennt wohl den einen Moment, wo er im Straßenverkehr unbewusst gerade noch richtig reagiert hat, um einen Unfall abzuwenden. Erst dann wird uns die Gefahr bewusst, und wir können sie rational neu bewerten. Was für das genannte Beispiel keine Rolle mehr spielt, wird in einem anderen Fall dazu führen, dass uns etwa eine unheimliche dunkle Gestalt, die wir als ungefährliche ältere Dame identifizieren, keinen Stress mehr bereitet.

Der Sympathikus wird aber nicht nur bei Gefahr, sondern auch bei längerer körperlicher Anstrengung aktiv. Während des Sports wird die Verdauung zurückgefahren, um Energie zu sparen, Herzschlag und Atemfrequenz nehmen zu, um die Muskeln optimal mit sauerstoffreichem Blut zu versorgen, das Blickfeld wird eingeengt (Tunnelblick), um das Ziel bzw. den Gegner genau fokussieren zu können.

Ist die Gefahr bzw. die körperliche Anstrengung vorüber, bremst der moderne Vagusnerv die Kampf-Flucht-Aktivierung wieder ein, und der Körper kehrt schnell in einen ökonomischen Entspannungsmodus zurück.

An dieser Stelle ist es wichtig, noch einmal auf den entwicklungsgeschichtlich älteren Anteil des Vagusnervs zurückkommen. Denn dieser hat neben der Steuerung lebenswichtiger Grundfunktionen noch eine zweite Aufgabe, die sich aus der ersten ergibt: Er springt nämlich dann als Notfallbremse ein, wenn ein Mensch extremer (Lebens-) Gefahr (Unfall, schwere Erkrankung) oder einem traumatischen Ereignis ausgesetzt ist. Um das Überleben des Gesamtorganismus zu sichern, werden bestimmte Körperfunktionen quasi »abgeschaltet« bzw. Vitalsysteme extrem verlangsamt. Dieses »Totstellen« spart Energie, indem beispielsweise die Verdauung eingestellt wird oder man im Extremfall bewusstlos wird.

Für uns und unsere Arbeit war richtungsweisend, dass diese Notfallbremse des alten Vagusanteils nicht nur bei Lebensgefahr aktiviert wird, sondern auch bei lang anhaltendem Stress. Wobei der Begriff »Stress« an dieser Stelle einer Neubewertung bedarf: Unser Gehirn wertet alles, worauf es eine entsprechende Hormonantwort gibt (Ausschüttung von Cortisol, Noradrenalin etc.), als Stress. Das kann eine mentale Herausforderung sein, wie viele Termine oder eine Prüfung, das kann eine körperliche Anstrengung sein, wie eine kraftzehrende berufliche Tätigkeit oder eine Mountainbike-Tour; das kann aber auch eine Situation sein, die als Gefahr für Leib und Leben gewertet wird, wie eine schwere Virusinfektion oder eine Verletzung. Bei Letzterem geht es nicht nur um die persönliche Angst um die Gesundheit, sondern vor allem um die Tatsache, dass der Körper ein energieraubendes Notprogramm starten muss, um zu genesen und wieder ins Gleichgewicht zu kommen.

Jeder (Stress-)Reiz, egal ob von außen oder vom Inneren des Körpers, verlangt eine unbewusste Reaktion unseres Gehirns. Als Boten agieren dabei Hormone, daher ist die Ausschüttung von Stresshormonen an sich nichts Negatives, sondern die gesunde Fähigkeit unseres Körpers, sich an die Umwelt anzupassen. Ohne äußere Reize würde der Mensch nur dahinvegetieren und schließlich zugrunde gehen. Unser Organismus verfügt über ein hochkomplexes, ausgeklügeltes System, um auf Belastungen aller Art reagieren zu können. Mittlerweile geht die Wissenschaft von vier Reaktionsachsen aus, die durch die Ausschüttung bestimmter Hormone jene körperlichen Vorgänge auslösen, die wir in stressigen oder anstrengenden Situationen alle gut kennen: Schwitzen, Erröten, erhöhter Puls, Muskelspannung. Auf diese Achsen genauer einzugehen, würde an dieser Stelle zu weit führen und vielleicht auch medizinisches Wissen unsererseits vorgaukeln, das wir in der Tiefe gar nicht haben. Wichtig ist aber auf jeden Fall zu wissen, dass diese Stressreaktionen auch das Immunsystem und die Haut betreffen. Und dass es bei chronischem Stress dementsprechend auch Auswirkungen in diesen Bereichen des Organismus gibt, doch mehr dazu später.

Das ganz alltägliche Auf und Ab im Berufs- wie im Privatleben reguliert der Parasympathikus normalerweise sehr gut alleine: Der moderne Vagus ist ein hochsensibles, schnell anpassungsfähiges System, das in sicherer Umgebung ein gewisses Maß an An- und Entspannung steuert. Es sorgt für einen Zustand des Sich-sicher-Fühlens, der angenehmen Erregung, in der man neugierig und entspannt an seine Aufgaben herangeht. Modern parasympathisch gesteuert, lässt es sich am besten lernen, denn das Gehirn ist optimal aufnahmefähig. Es fällt leicht, mit anderen Menschen, die als wohlwollend eingeschätzt werden, zu kommunizieren oder an Projekten zu werken.

Erst wenn wirklich Gefahr droht (und das kann auch der/die plötzlich um die Ecke biegende ChefIn sein) oder eine körperlich anstrengende Tätigkeit über einen längeren Zeitraum durchgeführt wird, schaltet sich der Sympathikus, und damit der Kampf-Flucht-Reflex ein. Ist die Gefahr bzw. die Anstrengung vorbei, bremst der moderne Vagus – wie schon erwähnt – den Sympathikus wieder ein, Körper und Gehirn gehen in den Erholungsmodus, die Batterien werden neu aufgeladen.

Derzeit sind die negativen Auswirkungen von langfristigem Stress in aller Munde: Erschöpfung, Schlafprobleme, Gereiztheit, innere Unruhe, extreme Ängstlichkeit – all diese Symptome machten und machen sich bei vielen Menschen nicht nur während der Hochphase der Corona-Krise, sondern auch jetzt noch bemerkbar. Die Corona-Pandemie ist eine Gefahr, die zwar einen ziemlich eindeutigen Anfang, bis jetzt aber noch kein klares Ende kennt. Auf jeden Hoffnungsschimmer (Impfung) folgte ein Dämpfer (nächste Virusvariante), auf einen relativ unbeschwerten Sommer 2020 folgte eine nächste heftige Infektionswelle im Herbst. Sich auf neue Normalitäten einzustellen, kostet viel Kraft und setzt ein gewisses Maß an Anpassungsfähigkeit voraus. Als Nina im Wachkoma lag, erging es uns ähnlich, niemand wusste, wie lange ihr Zustand andauern würde, auf jeden Hoffnungsschimmer folgte eine neue Krise.

Wir alle sind für eine gewisse Zeit befähigt, unsere Kräfte zu mobilisieren, mehr zu leisten, durchzuhalten, uns fast rund um die Uhr anzustrengen. Solche Phasen wird es im Leben immer geben, und sie stellen für einen gesunden Menschen kein Problem dar, wenn er im Anschluss (oder im Optimalfall schon während dieser Phase) für die ausgleichende Erholung sorgt.

Sind wir einer längerfristigen Krisensituation ausgesetzt, bleibt unser Körper in ständiger Alarmbereitschaft, um sich auf verändernde Situationen möglichst schnell einstellen zu können. Diese dauerhaft höhere Erregbarkeit des autonomen Nervensystems geht allerdings auf Kosten unserer Gesamtenergie. Wechseln sich im normalen Leben Momente der Anspannung mit Zeiten der Entspannung ab, so laden wir automatisch unsere »Körperbatterie« wieder auf. Fehlt die notwendige Regeneration über einen längeren Zeitraum, so brauchen wir unsere Energiereserven so lange auf, bis nichts mehr übrig ist.

Wenn das Gleichgewicht zwischen Anspannung und Erholung nun dauerhaft gestört ist, schaltet sich der alte Anteil des Vagusnervs ein, um das langfristige Überleben zu sichern, fährt er verschiedene Körperfunktionen zurück: Es stellen sich Verdauungsprobleme (Verstopfung, Durchfall, Blähungen) ein, Konzentrationsstörungen manifestieren sich, man ist ständig erschöpft, der Schlaf aber nicht mehr erholsam. Die Hormonproduktion ist längst auf mehreren Ebenen massiv gestört: Wer beispielsweise zu wenig vom Wohlfühlhormon Serotonin bildet, ist schlecht gelaunt und leicht reizbar; zudem kommt es zu Schlafstörungen, weil aus zu wenig Serotonin kaum Melatonin (das Schlafhormon) gebildet werden kann. Auch Infektionen lassen sich nicht mehr abwehren, jede Viruserkrankung wird aufgeschnappt.

Chronischer Stress bewirkt zunächst ein stetes Hin- und Herpendeln zwischen sympathischer Erregung und alter vagaler Immobilisierung, da der moderne Vagus gegen dieses Ungleichgewicht nicht mehr ankommt. Dieser Prozess geschieht schleichend, macht sich durch einige wenige Symptome, die aber immer stärker und vielfältiger werden, bemerkbar. Tagsüber, während man seiner Arbeit und seinen Hobbys nachgeht, fühlt man sich meist noch halbwegs fit und lebendig, auch wenn die langfristige Belastung schon gewisse Leistungseinbußen mit sich gebracht hat. Abends, wenn eigentlich Erholung angesagt wäre, lässt sich die Erregung allerdings nicht mehr herunterfahren. Die körperliche Anspannung zeigt sich mit innerer Unruhe, Kopf-, Nacken- und Rückenschmerzen. Die Gedanken im Kopf kreisen unaufhörlich um berufliche und private Probleme, in den Ohren fiepst der Tinnitus. Gleichzeitig fühlt man sich unendlich erschöpft und müde, doch die Angst, vollends zusammenzubrechen, lässt einen weitermachen. Bis man schließlich in einen oberflächlichen Schlaf hinüberkippt, der weder erholsam ist noch lange andauert. Das Aufstehen fällt schwer, der Antrieb fehlt, doch etwas zu tun, in sein Hamsterrad zurückzukehren, fühlt sich immer noch besser an als die totale Erschöpfung.

Wir wissen beide, wie sich dieser Zustand anfühlt, sowohl in beruflicher als auch in privater Hinsicht. Den großen Erfolg als Skisprungtrainer vor Augen, schlief Alex monatelang nur wenige Stunden, den Rest des Tages arbeitete er – gedanklich, am Telefon – mit seinen Kollegen und seinen Athleten. Als Nina im Krankenhaus lag, forderte jeder Tag höchsten körperlichen und geistigen Einsatz von uns. Wenn wir nicht bei unserer Tochter waren, dann kümmerten wir uns entweder um unsere anderen Kinder, um unsere Firma, oder wir überlegten, wie wir Nina noch besser helfen könnten. Es gab kaum Auszeiten, denn jede Auszeit barg die Gefahr des totalen Zusammenbruchs.

Ich selbst entdeckte zwar in dieser Zeit dank meiner Volleyballrunde das Wandern für mich, doch auch da verbrauchte ich mehr Ressourcen, als ich dazugewann. Das Gehen im steilen Gelände war körperlich so anstrengend, dass ich fast jedes Mal eine Palette an Schmerzmitteln brauchte, um meine Migräne abzufangen. Auch wenn mir das Gemeinschaftserlebnis in wunderbarer Berglandschaft psychisch sehr viel gab, auf mein Stresskonto wirkte es sich langfristig fatal aus.

Dabei tut es doch gut, sich körperlich zu verausgaben, um den Kopf freizubekommen, oder nicht? Nach dem stressigen Arbeitsalltag noch schnell eine Runde Joggen, am Wochenende eine ausgiebige Mountainbike-Tour oder ins Fitness-Studio, um einmal so richtig zu schwitzen. Da werden doch jede Menge Glückshormone produziert! Das mit Sicherheit, auch das Herz-Kreislauf-System wird gut trainiert – doch effektive Regeneration sieht anders aus. Der moderne Vagus, der für die Erholung maßgeblich verantwortlich ist – lässt sich nicht mit körperlicher (Über-)Anstrengung stärken.

Denn, wie weiter oben schon beschrieben, ist ja während des Sports der Sympathikus aktiv. Und der braucht einen kraftvollen Gegenspieler, ist er nämlich einmal aktiviert, lässt er sich nur schwer wieder beherrschen. Und so geraten viele durch Beruf, private Verpflichtungen und Sport in einen Teufelskreis. Das Stresskonto wird immer mehr gefüllt, die körpereigenen Ressourcen aufgebraucht, der moderne Vagus geschwächt – bis sich der alte Vagusanteil einschalten muss.

Effektive Regeneration, also die Stärkung des modernen Vagus, verläuft viel sanfter: ein gemütlicher Spaziergang im Grünen, das Lesen eines guten Buches, Mediation mit bewusster Atmung und Achtsamkeitstraining – all das sorgt dafür, dass Körper und Geist entspannen können. Doch seien wir ehrlich: Wer nimmt sich dafür schon die Zeit? Ist es nicht einfacher, sich vor einem Bildschirm berieseln zu lassen oder mit Alkohol dafür zu sorgen, dass die Gedanken Ruhe geben und sich alles leichter anfühlt?

Ja, auch ein Fernsehabend oder ein gutes Glas Rotwein kann einmal entspannend sein – allerdings meist nur subjektiv. Objektiv gesehen, füllt beides das persönliche Stresskonto: Das Licht des Bildschirms hindert die Bildung von Melatonin, der Alkohol bedeutet höchste Anstrengung für die Leber usw.

Effektive Regeneration beansprucht Zeit und erfordert unsere volle Aufmerksamkeit. Ihre Sinnhaftigkeit versteht man allerdings erst mit zunehmendem Alter. Es verhält sich ähnlich wie mit der ökonomischen Rückenschulung. Wer hat es in jungen Jahren nicht belächelt, wenn man darauf hingewiesen wurde, schwere Lasten »mit geradem Rücken und aus den Beinen« anzuheben. Vor Kraft strotzend, war es kein Problem, sich vornüber zu beugen, um etwas Schweres »lässig« hochzunehmen. Bis sich eines Tages der Rücken meldete und der stechende Schmerz im Kreuz zum längerfristigen Begleiter wurde.

Ähnlich verhält es sich mit der Regeneration: In jungen Jahren ist es kein Problem, eine Nacht durchzufeiern und am nächsten Tag wieder arbeiten zu gehen. Doch irgendwann braucht es immer mehr Tage, um wieder fit zu sein. Auch eine anstrengende, noch dazu mehrtätige Sportveranstaltung hält ein jüngerer Sportler/eine jüngere Sportlerin ohne gröbere Blessuren durch. Mit zunehmendem Alter spürt man hingegen je nach Trainingszustand bereits eine einfache Wanderung in den Knochen.

Bei Spitzensportlern zeigen sich Einbußen in der Fähigkeit zu regenerieren viel früher. Das tägliche Trainingspensum und der mentale (Erfolgs-)Druck fordern schon bald ihren Tribut. Und das obwohl Topathleten meist medizinisch und physiotherapeutisch bestens begleitet werden. Doch die Versuchung ist groß, für den Erfolg die eigenen körperlichen Grenzen immer mehr auszuloten: noch mehr Trainingseinheiten, eine noch härtere Herangehensweise, Tüfteln an Technik und Material bis zum Exzess. Das setzt eine Spirale in Gang, die statt nach oben ganz schnell nach unten führt, denn wenn Körper und Geist nur noch der Gier nach Erfolg zu dienen haben, dann ist die Erschöpfung irgendwann vorprogrammiert.

Daher ist es wichtig, SportlerInnen schon in jungen Jahren durch fix eingeplante und angeleitete Regenerationseinheiten an ein gesundes, und damit leistungsförderndes Wechselspiel zwischen Anspannung und Entspannung heranzuführen. Mitunter kein leichtes Unterfangen, wie Alex als Cheftrainer der Skispringer erfahren musste. Die Sinnhaftigkeit von Regeneration wurde von Athleten wie von Betreuern nur allzu oft in Frage gestellt. Es verhielt sich wie mit dem Rückentraining: Erst durch Erfahrung wird man klug, und da ist es für den ein oder anderen Spitzensportler manchmal schon zu spät.

Allerdings ist es in unserer vom Leistungsgedanken geprägten Gesellschaft ganz ähnlich: Wer etwas erreichen will, arbeitet viel mehr, als von ihm oder ihr verlangt wird, Work-Life-Balance ist ein Modewort, das für Erfolgreiche keinerlei Bedeutung hat, wer mit diesem Tempo nicht mehr mitkommt, wird ausgetauscht. Auch vor dem Privatleben macht diese Maxime nicht Halt, denn Supereltern bekommen alles unter einen Hut: den Erfolg im Beruf, die perfekten Kinder, das perfekte Aussehen und die perfekte Beziehung. Das ist natürlich sehr überspitzt formuliert, aber die Ansprüche, die viele Menschen in der westlichen Welt an sich stellen, sind extrem hoch geworden. In diesem Sinne wird alles optimiert: das Fitnessprogramm, die Ernährung, die Bildung und die Freizeit der Kinder sowie der ökologische Fußabdruck. Kurz:

die persönliche Performance im Ganzen. Gegen all diese Bemühungen ist im Einzelnen nichts auszusetzen, insgesamt entsteht aber ein enormer Perfektionsdruck, dem sich viele vermeintlich freiwillig aussetzen.

Nicht umsonst haben manche den Corona-Lockdown als willkommene Pause zum Durchatmen empfunden. Man war gezwungen kürzerzutreten und brauchte kein schlechtes Gewissen zu haben, wenn geplante Aktivitäten ins Wasser fielen. Zu Hause zu bleiben, sich ein wenig gehen zu lassen, in den Tag hinein zu träumen – das haben viele Menschen verlernt. Und viele schaffen das auch gar nicht mehr: Wenn die sympathische Aktivierung im Gegensatz zur totalen Erschöpfung als Normalzustand, als Lebenskraft empfunden wird, dann ist es unerträglich, zum »Nichtstun« gezwungen zu werden, und man muss sich mit aller Kraft dagegenstemmen.

3.1 Was (Körper-)Wahrnehmung mit Stress zu tun hat

Manchmal wird einem die persönliche Anspannung erst bewusst, wenn jemand anderer einen darauf hinweist. Als Alex mir bei einer Familienaufstellung eine alte Schildkröte zuordnete, weil ich so viel Leid zu tragen hätte, wurde mir bewusst, dass ich den Panzer, den ich schon abgelegt glaubte, immer noch trug. Ich selbst sah mich als Löwin, die, stolz auf dem Hügel der Spielzeuglandschaft thronend, alle im Blick hatte, jederzeit bereit, für jedes Familienmitglied bis zum bitteren Ende zu kämpfen.

Doch wenn ich radikal ehrlich zu mir war, dann passte die Schildkröte viel besser – zu meiner Körperhaltung, zur schweren Last, die ich zu tragen hatte, zum Schutzpanzer, den ich mir in all der Zeit zugelegt hatte. Immerhin, ich fand auch positive Aspekte an meiner Stellvertreterin: Schildkröten gelten als sehr ausdauernd, stehen für Weisheit und Erfahrung. Zur Anpassung steht ihnen einerseits der schnelle Rückzug in den Panzer oder auch ein Angriff zur Verfügung. Der Biss einer Schildkröte ist überraschend schmerzhaft, wenn auch ihr Angriffsradius nur sehr klein ist.

Mein Radius war, was Schultern und Nacken betraf, schon lange stark eingeschränkt. Sogar das Rückwärtsschauen beim Autofahren fiel mir schwer. Die Verspannungen waren inzwischen so massiv geworden, dass jede körperliche Belastung dieser Region eine schwere Migräneattacke triggerte. Es war egal, ob ich in Haus oder Garten arbeitete, Rucksack oder Umhängetasche trug, leichtes Krafttraining absolvierte oder Ball spielte. Alles mündete in unnatürlich starke Muskelschmerzen und die darauffolgende Migräne. Kopfschmerzen kenne ich seit meiner Pubertät, doch erst in den letzten zehn Jahren sind sie so stark geworden, dass ich einen Neurologen aufsuchen musste. Migräne, lautete die Diagnose, gepaart mit Spannungskopfschmerzen. Eine Attacke dauerte inzwischen drei Tage, mit normalen Schmerzmitteln war ihr nicht mehr beizukommen. Trotzdem machte ich lange weiter wie gehabt: Bei den ersten Anzeichen ein entsprechendes Medikament nehmen, und es geht schon wieder – ohne Pause, ohne Rücksicht auf meinen überbeanspruchten Energiehaushalt.

Gegen meine Verspannung versuchte ich alle möglichen Heilmethoden: Massagen, Chiropraktik, Shiatsu, Ostheopatie und Krafttraining zur Haltungsverbesserung. Natürlich waren diese Beschwerden auch Thema in meinen psychotherapeutischen Sitzungen und bei jedem anderen Arztgespräch. Und aufgrund unseres Schicksalsschlags hatte jeder auch schnell die Ursache für meine Beschwerden gefunden. Mir war allerdings klar, dass das nicht der einzige Grund sein konnte, denn extreme Verspannungen und starke Migräne hatte ich schon vor Ninas Suizidversuch. Im Grunde hatte mein Körper schon vor Jahren Alarm geschlagen, noch bevor Alex und unser ältester Sohn Max an Depressionen erkrankt waren. Doch ich war Weltmeisterin im Verdrängen körperlicher Warnsignale.

Das wurde mir aber erst bewusst, als ein mir schon lange vertrauter Therapeut begann, an meinem Körperbewusstsein zu arbeiten. Ich bemerkte gar nicht mehr, wann sich meine Muskeln anspannten, ich spürte nicht, wie sich bestimmte Gefühle in meinem Körper zeigten, ganze Körperregionen empfand ich als leer und gefühllos. Meine Migräne zeigte mir erst nach einem stressigen Anlass (egal ob Sport, eine Veranstaltung, eine längere Autofahrt, beim Schreiben), dass ich die ganze Zeit extrem angespannt gewesen war.

Dass sich unsere Muskeln in stressigen Situationen anspannen, ist eine normale Reaktion des autonomen Nervensystems, wie ich im vorangegangenen Kapitel schon ausführlich erklärt habe. Registriert unser Gehirn eine Gefahr oder eine längere Belastung, wird das Kampf-Flucht-System aktiviert. Doch viele Menschen bemerken das gar nicht, bzw. haben sich angewöhnt, diese Signale zu verdrängen – genauso wie sie andere Signale des Körpers, wie Hunger, Durst, Müdigkeit oder auch Konzentrationsprobleme, einfach ausblenden. Die Gründe dafür sind vielfältig: eine Arbeit muss noch fertiggestellt, die Kinder müssen versorgt, der Haushalt muss gemacht werden. Essen, Trinken, eine Pause gibt es später. Um den Körper ruhigzustellen, gibt es einen (oder mehrere) Tassen Kaffee, schnelle Snacks und Süßigkeiten oder Medikamente (Schmerzmittel, Aufputschmittel).

Ist man sich dessen bewusst, dass körperliche Bedürfnisse über einen gewissen Zeitraum ignoriert werden, gelingt es mit entsprechendem Willen noch gut, gegenzusteuern, wenn es angezeigt ist. Schwieriger wird dieses Unterfangen, wenn chronischer Stress schleichend und unbewusst dafür sorgt, dass wir unseren Körper und seine Signale nicht mehr wahrnehmen können. Ganz schwer kann es werden, wenn ein traumatisches Ereignis unseren Körper in eine Art Schockstarre versetzt.

Im Volksmund werden recht schnell belastende Ereignisse als traumatisch bezeichnet, wissenschaftlich bzw. medizinisch gesehen, gibt es aber eine relativ klare Definition, die von der Weltgesundheitsorganisation bzw. der American Psychiatric Association vorgegeben wird. Ein Trauma ist demnach ein »kurz- oder langanhaltendes Ereignis oder Geschehen von außergewöhnlicher Bedrohung mit katastrophalem Ausmaß, die nahezu bei jedem tiefgreifende Verzweiflung auslösen würde«. Das gilt bei Ereignissen, bei denen man entweder selbst oder eine nahestehende Person oder auch ein Fremder/eine Fremde mit dem Tod, einer ernsthaften Verletzung oder einer Gewalterfahrung konfrontiert ist. Dazu gehören Naturgeschehen, wie Flut- oder Umweltkatastrophen, genauso wie Verkehrsunfälle, Vergewaltigung, sexueller Missbrauch, eine potenziell tödliche Erkrankung, Kriegserfahrungen oder der Verlust eines geliebten Menschen. Ein Trauma kann sowohl durch ein einzelnes Ereignis, aber auch durch eine Abfolge von mehreren Ereignissen ausgelöst werden

Aus den USA schwappt über die sozialen Medien nun schon seit einiger Zeit eine Welle der »Selfhealer« nach Europa über. Das sind Menschen, die sich mit Traumata in ihrer Vergangenheit, meist in der Kindheit, intensiv auseinandersetzen, um ein glücklicheres, gesünderes, achtsameres Leben führen zu können. Abgesehen davon, dass ernste psychische Probleme unbedingt einer professionellen Behandlung bedürfen und das Surfen im Internet eine solche auf keinen Fall ersetzen kann, leisten aber auch viele PsychologInnen und PsychotherapeutInnen auf diesem Weg wertvolle Aufklärungsarbeit. Allerdings wird dabei manchmal der Begriff Trauma stark erweitert und damit verwässert: Plötzlich hat jede/r, die/der von den Eltern in ihrer/seiner Eigenart nicht wahrgenommen, nicht ausreichend unterstützt oder zu sehr kontrolliert wurde, ein frühkindliches Trauma zu verarbeiten.

Traumatische Erfahrungen machen aufgrund von Folgestörungen (wie die Posttraumatische Belastungsstörung) ein normales, unbeschwertes Leben meist unmöglich. Menschen leiden psychisch wie physisch – bewusst und unbewusst. Wir möchten daher mit dem Begriff »Trauma« sorgfältig umgehen, auch wenn es für jemanden, der etwas Schreckliches erlebt hat, meist keine Rolle spielt, ob er oder sie nun aus wissenschaftlicher Sicht ein diagnostiziertes Trauma erlebt hat oder »nur« ein gefühltes. Wir möchten den Begriff nicht leichtfertig verwenden (wie beispielsweise im Zusammenhang mit Verletzungen im Spitzensport), sondern mit dem gebotenen Respekt vor schweren Schicksalen und deren Folgen.

Dass ich meine Tochter bei ihrem Suizidversuch fand, habe ich als traumatische Erfahrung erlebt. Dass unsere

Tochter unter sehr belastenden Umständen in unserem Beisein verstarb, haben wir beide als traumatische Erfahrung empfunden. Bei uns beiden wurde allerdings nie ein Trauma diagnostiziert, und wir haben auch keine Posttraumatische Belastungsstörung entwickelt – dank der Unterstützung, die uns zuteilwurde, der engen Bindung innerhalb unserer Kernfamilie und der professionellen Unterstützung, die wir angenommen haben. Und dennoch hat Ninas Tod für uns alle bis heute psychische und physische Auswirkungen, die unser Leben erschweren.

Auch die Corona-Pandemie ist für viele Menschen traumatisch verlaufen. Manche mussten auf der Intensivstation um ihr Leben kämpfen, andere haben ihre Liebsten verloren. Kinder hatten Angst um ihre Großeltern, bereits vorerkrankte Personen mussten ebenfalls um ihr Leben fürchten, sollten sie sich mit dem Virus anstecken. Aber auch jene, die nicht direkt mit dem Tod konfrontiert waren, sahen sich einer lang anhaltenden, schwer vorhersehbaren Belastung ausgesetzt, die den gewohnten Alltag zeitweise völlig auf den Kopf stellte. Solche Situationen hinterlassen genauso wie Traumata Spuren im Gehirn und im Körper. Die Stressverarbeitung ändert sich, der Organismus verharrt in einem dauerhaften Alarmzustand, der von Erschöpfungsphasen unterbrochen wird, wie wir im vorigen Kapitel schon genauer erklärt haben.

Für mich war früher der Begriff »Trauma« ganz eng mit dem Thema Krieg verbunden. Nur Soldaten, die von der Front zurückgekehrt waren, konnten traumatisiert sein – so dachte ich. Niemals hatte ich kurz nach Ninas Tod unser Schicksal als Trauma eingeordnet. Was andere Menschen erlebt hatten, war ja noch viel schlimmer. Wir hatten ja immer noch die Chance auf ein gutes Leben.

Außerdem hatte ich für alles, was passiert war, schnell die passenden Worte gefunden, hatte gelernt, immer souveräner über das Geschehene zu sprechen. Die vielen Therapiesitzungen taten mir gut, ich hatte das Gefühl, weiterzukommen, als Mensch zu reifen, mich zu einem stärkeren Selbst zu entwickeln. Wenn nur diese vielen verschiedenen körperlichen Beschwerden nicht gewesen wären. Denn während sich mein Geist weiterentwickelte, wurde mein Körper zunehmend zu einem unberechenbaren Feind.

Migräne nach dem Sport, ein aufgeschwollenes Gesicht nach dem Genuss glutenhaltiger Lebensmittel, eine nichtalkoholische Fettleber aufgrund zu vieler Süßigkeiten und Schmerzmittel, ein Blähbauch und ein träger Darm aufgrund der Wechseljahre und der gestörten Darmflora, vermehrt Psoriasis aufgrund von zahlreichen Virusinfektionen, das Gefühl, in Ohnmacht zu fallen in überfüllten Räumen, Panikattacken beim Autofahren, Einschlafstörungen nach zu viel Bildschirmzeit – die Liste ließe sich noch fortsetzen. Natürlich wurde ich bei jedem Arztbesuch nach persönlichen Stressfaktoren gefragt, und natürlich nickten alle wissend und verständnisvoll mit den Köpfen, wenn ich meine Geschichte erzählte. Ich nahm Medikamente, hielt Diäten ein, entgiftete meinen Darm, schluckte diverse Nahrungsergänzungsmittel, vermied anstrengende sportliche Aktivitäten, schaute weniger fern, versuchte meinen alltäglichen Stress noch weiter zu reduzieren.

Phasenweise bekam ich einige meiner Beschwerden ganz gut in den Griff, dann meldete sich aber meist eine neue Baustelle. Doch meine Motivation, gerade im Hinblick auf die Migräne jede neue Therapie auszuprobieren, war ungebrochen. Ich fühlte mich selbstwirksam, hatte auch immer wieder das Gefühl, auf einem guten Weg zu sein, doch der wellenförmige Verlauf der einzelnen Beschwerden war trügerisch.

Was ich auf keinen Fall mehr wollte war, auf mein Schicksal bzw. mein Trauma reduziert werden. Ich hatte doch alles richtig gemacht, jede professionelle Hilfe angenommen, die sich bot, meinen Parasympathikus mit meinen eigenen Mitteln gestärkt – es konnte doch nicht am Stress liegen, oder? Ich fühlte mich auch nicht gestresst, im Gegenteil. Im Vergleich zu früher arbeitete ich kaum, machte häufig Ruhepausen, schaute auf mich. Ich schämte mich fast dafür, so ein »entspanntes« Dasein zu führen, redete mir selbst ein, das nach allem, was war, verdient zu haben. Es war auch wirklich so, dass mich Situationen, die mich früher extrem belastet hatten, viel weniger berührten. Zumindest glaubte ich das, denn Gespräche mit Lehrern und Lehrerinnen führte ich beispielsweise nun viel souveräner, ich hielt Lesungen und Vorträge vor großem (und kleinem) Publikum, und ein neuerlicher notwendiger Kontakt mit der Kinder- und Jugendpsychiatrie gestaltete sich wesentlich weniger aufgeregt als noch beim ersten Kind, das an Depressionen erkrankt war.

Doch wenn ich mit meinem heutigen Wissensstand zurückblicke, wird mir klar, dass ich als Person zwar selbstbewusster und sicherer geworden war, gleichzeitig körperliche Stresssymptome aber einfach ausgeblendet hatte. Das geschah in den meisten Fällen nicht bewusst, sondern völlig automatisch. Ich konnte gar nicht mehr anders, war Meisterin darin geworden. Meldete sich ein unangenehmes Gefühl oder ein Stresssymptom, dann verließ ich quasi meinen Körper und existierte nur mehr in meinem Kopf. Schwitzen, ein schneller Herzschlag, weiche Knie, ein Krampfgefühl in der Magengegend – all das durfte mich doch nicht aus der Balance bringen!

Die Fähigkeit unseres Körpers, den eigenen inneren Zustand wahrnehmen zu können, wird als Interozeption bezeichnet. Dabei spielt der Vagusnerv, wie im vorigen Abschnitt schon erwähnt, eine große Rolle, denn schließlich erreicht er mit seinen zahlreichen Verästelungen fast alle Organe. Aber auch über andere Systeme, wie zum Beispiel die Muskelfasern oder die Haut, gelangen Informationen an das Gehirn. Alle internen Sinneseindrücke laufen dort zusammen, werden durch bestimmte Regionen (Genaueres würde hier zu weit führen) bewertet, wodurch quasi ein inneres Abbild unseres Organismus erstellt wird. Die meisten Informationen nimmt das Gehirn unbewusst wahr, vieles wird uns aber auch bewusst: beispielsweise, dass die Füße kalt sind, dass wir Hunger haben bzw. satt sind, dass wir uns umdrehen sollten, da die Schulter schmerzt usw. Hier geht es in erster Linie um Grundbedürfnisse, bzw. auch um ein ökonomisches Funktionieren unseres Organismus', und um unser körperliches Wohlbefinden.

Säuglinge nehmen diese körperlichen Signale noch unverfälscht wahr und äußern entstehende Bedürfnisse durch Schreien. Kleinkinder müssen erst lernen, Geduld zu haben und ihre Bedürfnisse aufzuschieben. Das setzt ein gewisses Gefühl für Zeit und eine stabile Eltern-Kind-Bindung voraus. Im Kindergartenalter lernen die Kleinen, sich in eine Gruppe einzufügen, die eigenen Bedürfnisse mit jenen anderer abzustimmen. Der Drang nach Bewegung, Spielen, Pausen und Essen wird durch gewisse Zeitvorgaben gelenkt. In der Volksschule dann gilt es zum ersten Mal, körperliche Bedürfnisse wirklich zu unterdrücken, um den Regeln entsprechen zu können. Langes Sitzen, ruhig sein, sich konzentrieren – all das ist für frisch eingeschulte Kinder nicht einfach.

Es gilt als Zeichen von Reife, sich an die heutigen Bedingungen von Lernen und Schule anzupassen. Auf körperliche und mentale Bedürfnisse wird, je höher die Schulstufe, immer weniger Rücksicht genommen. Der Lernstoff und die Stunden werden mehr, die notwendigen Pausen dazwischen immer kürzer, von gesunder Arbeitshaltung oder gesundem Klassenklima (immerhin brachte Corona da ein Umdenken) ganz zu schweigen. Das System Schule steckt schon lange in Bedingungen fest, die für alle Beteiligten kaum gesundes Arbeiten und Lernen möglich machen.

Natürlich muss ein junger Mensch lernen, gewisse Dinge auszuhalten. Das Leben ist für die meisten kein durchgehendes Fest, sondern bringt auch Unannehmlichkeiten und Schwierigkeiten mit sich. Im Sport wäre Leistung ohne Durchhaltewillen und Schmerztoleranz undenkbar. Wer Fortschritte machen will, muss Durchhaltevermögen haben, bereit sein, über seine Grenzen zu gehen, und Muskelkater oder auch Verletzungen in Kauf nehmen.

Alex und ich, wir haben uns beide im Kindes- bzw. Jugendalter dem Leistungs- bzw. Spitzensport verschrieben. Körperbeherrschung gehört sowohl beim Skispringen als auch beim Volleyballspielen zum Um und Auf. Um eine neue Technik zu erlernen oder eine bereits bekannte verfeinern zu können, muss ein Mensch koordinative Fähigkeiten besitzen. Welche Muskeln oder Körperteile muss ich anspannen, um eine bestimmte Bewegungsabfolge durchzuführen? Mit welcher Geschwindigkeit, mit welcher Intensität? Beim Skispringen muss ich mich zudem auf äußere Gegebenheiten einstellen: auf den Wind, den Rhythmus der Schanze. Beim Volleyballspielen wiederum muss ich blitzschnell auf meine Gegnerinnen reagieren können und mich gleichzeitig mit meinen Mitspielerinnen abstimmen.

Um einen Sport beherrschen zu können, braucht es natürlich ein gutes Maß an Körpergefühl. Doch ich würde aus heutiger Sicht eine klare Unterscheidung zwischen Körpergefühl im Sinne von »auf den Körper hören« und Körperbeherrschung im Sinne von den Körper »be-herrschen« machen. Im Spitzensport werden heutzutage, hauptsächlich dort, wo es um viel Geld geht, die Körper der AthletInnen – also ihr wichtigstes Kapital – trotz Verletzungen fit gespritzt, für das schnelle Muskelwachstum gedopt usw. Wer nach Beendigung der Karriere ein normales, schmerzfreies Leben führen kann, darf sich glücklich schätzen.

Wir waren beide sportlich talentiert, konnten nicht nur

in unseren eigentlichen Sportarten, sondern auch bei anderen athletischen Herausforderungen reüssieren. Sport war daher auch nach der Wettkampfkarriere ein Ausgleich zum Arbeits- oder Familienalltag. Der Sport führte uns stets in die Kraft zurück, wir fühlten uns stark und voller Energie.

Gleichzeitig waren wir Teil einer Gesellschaft, in der jene als besonders leistungsstark und motiviert galten, die es schafften, ihre körperlichen Bedürfnisse völlig außer Acht zu lassen: kaum Schlaf, wenig Essen, aber viel Kaffee, von einem Termin zum nächsten hetzen, am besten ohne Pausen, dank Handy rund um die Uhr erreichbar sein, auch am Wochenende und im Urlaub, niemals von der Arbeit abschalten. Wer das nicht schaffte, war nicht stark genug, der brannte nicht für seinen Job. Viele Frauen waren damals wie heute mehrfach belastet, denn die Care-Arbeit (Kinder, Haushalt, Pflege) erledigt sich neben der Berufstätigkeit nicht von alleine.

Es war also normal, im Privat- wie im Berufsleben ständig über seine Leistungsgrenzen hinauszugehen und körperliche Bedürfnisse sowie Stresssymptome einfach zu ignorieren. Nach Ninas Tod war mir bewusst, dass ich nach allem, was passiert war, Erholung brauchte und die Überholspur des Lebens verlassen musste. Und doch war es die Wut, die mich nach rund zwei Monaten allumfassender Trauer zurück zu meiner vermeintlichen Stärke brachte. Ich musste ins Tun kommen, das, was passiert war, aktiv verarbeiten, Dinge verändern. Im Grunde kehrte ich nach einer kurzen Zeit der totalen Erschöpfung zurück in den Kampfmodus. Das erschien gewohnter und sicherer als der alte parasympathische Zustand, der durch Ninas Tod ausgelöst worden war.

Beim Kämpfen fühlte ich mich lebendig, das Kämpfen gab meinem Leben einen Sinn. Ich kämpfte um meine individuelle Trauer, um meine Familie, um meine Ehe, um respektvolle Unterstützung. Dies war Ausdruck der noch immer erhöhten Alarmbereitschaft in meinem Körper, eine

Reaktion auf das Trauma und den chronischen Stress, der mich schon seit Jahren begleitet hatte.

Als meinem Körper nach einem weiteren Jahr im Kampfmodus die Energie ausging und ich in die Depression schlitterte, fühlte ich mich unfassbar schwach und wertlos. Ich haderte unendlich damit, dass ich nur »so wenig« leisten konnte. Dabei hatte ich dank meiner schnellen Suche nach psychiatrischer und medikamentöser Hilfe das Schlimmste ohnehin abgefangen. Ich konnte nach wie vor für die Kinder da sein, den Haushalt führen und ein bisschen schreiben. Aber ich war nicht fähig, in unserem Zentrum für Audiovisuelle Wahrnehmungsförderung zu arbeiten. Es belastete mich, wenn Alex aufgrund seiner Vorträge mehrere Tage hintereinander nicht zu Hause war. Und ich musste mich von meinen geliebten Mittwochswanderungen verabschieden, weil sie einfach zu anstrengend waren. Daher wollte ich nach überstandener Depression unbedingt wieder zu meiner Kraft zurückfinden – körperlich wie mental. So begann ich mit Krafttraining: für mehr Muskeln und eine aufrechte Haltung.

Ich hatte den besten Trainer, den ich mir nur wünschen konnte, der mich ganz vorsichtig und mit Rücksicht auf meine Nackenprobleme an ausgesuchte Übungen heranführte. Ich wurde auch immer besser, meisterte vor allem Einheiten auf dem Wackelbrett souverän. Nach wie vor gelang es mir, meinen Bewegungsapparat zu kontrollieren, ich war auch koordinativ gut drauf. Doch immer öfter befielen mich am Tag nach dem Training ungewöhnlich starke Muskelschmerzen in der Schulter- und Nackengegend, die in eine schwere Migräne mündeten. Und zwar ganz egal, ob oder wie stark Schultern oder Nacken beansprucht worden waren. Unternahm ich in derselben Woche womöglich noch eine Wanderung, dann kippte ich von einer Kopfschmerzattacke in die nächste.

Es dauerte sehr lange, bis ich begriff, dass meine bisherige Anpassungsstrategie – nämlich Kämpfen, Durchbeißen und Aushalten – nichts brachte, sondern alles nur noch schlimmer machte. Diese Strategie hatte mir über die schlimmste Zeit meines Lebens, als unsere Tochter ihren Suizid verübt und dadurch ins Wachkoma gefallen war, geholfen, aber jetzt wirkte sie nicht mehr. Im Gegenteil: Diese Form der Anpassung kostete viel zu viel Kraft, von der ich ohnehin nur mehr wenig besaß.

Mein Körper und mein autonomes Nervensystem waren nämlich längst in eine fatale Abwärtsspirale geraten: Waren meine Schulter- und Nackenmuskeln durch meinen stressigen Lebensstil ohnehin schon ständig angespannt gewesen, so steigerte sich diese Anspannung durch unser Trauma so weit, dass sie überhaupt nicht mehr nachließ. Das blieb auch nach Ninas Tod so, als langsam wieder Ruhe und etwas Leichtigkeit in unser Leben einkehrten. Egal wie oft ich mir Massagen oder mein heiß geliebtes Shiatsu gönnte, der Erfolg war nur kurzfristig, und oft wurde auch noch eine Migräneattacke ausgelöst.

Der Grund dafür ist, dass die Schulter- und Nackenmuskeln unsere Stressmuskeln sind. Das kann jeder gut nachvollziehen: Wird man durch irgendetwas erschreckt, zieht man automatisch die Schultern hoch und den Kopf ein – so als würde man in Deckung gehen. Sind diese Bereiche nun dauerhaft angespannt, wird an das Gehirn gemeldet, dass die Gefahr anhält. Kommt eine weitere Belastung durch Sport oder auch durch eine Massage dazu, herrscht allerhöchste Gefahrenstufe.

Nicht nur die Muskelfasern selbst, sondern auch die sogenannten Faszien, ein Bindegewebe, das unseren ganzen Körper durchzieht, spielt bei der Informationsübermittlung eine Rolle. Diese elastische Struktur umgibt Muskeln, Sehnen, Bänder, Gelenke und Knochen. Bei chronischem Stress oder Überbelastung verlieren die Faszien ihre Beweglichkeit, Schmerzen sind die Folge – was wiederum Gefahr für den Körper bedeutet.

In meinem Fall waren sämtliche Stressmuskeln so verhärtet, dass sie quasi zu einer Platte geworden waren – ein (Schildkröten-)Panzer eben. Meine neue Physiotherapeutin hatte zunächst einmal wochenlang damit zu tun, diese Verhärtungen ganz klassisch aufzumassieren, sodass die einzelnen Muskelfasern wieder spürbar und das Fasziengewebe beweglich wurde. Ich hatte sie eigentlich aufgesucht, um mittels Biofeedback meine Migräne beeinflussen zu können, doch daran war bei Weitem nicht zu denken, denn ein Panzer lässt sich nicht steuern.

Der Alarmzustand in meinem Organismus hatte zu diesem Zeitpunkt auch dazu geführt, dass ich körperliche Nähe und Berührungen von Alex kaum noch ertrug. An Intimität war zu diesem Zeitpunkt kaum zu denken, was für unsere Beziehung eine zusätzliche harte Belastungsprobe darstellte. Es war, als würde sich jedes Härchen aufstellen und Alarm rufen, weil mein Ehemann etwas von mir »wollen« könnte. Ich konnte ihm in dieser Hinsicht nichts mehr geben, da ich einerseits seinen Alarmzustand spürte und andererseits jeden Funken Energie für mich bzw. für die Kinder brauchte.

Ich verstand nicht, was mit mir und meinem Körper los war, denn psychisch fühlte ich mich gut. Ich hatte nicht den Eindruck, gestresst zu sein. Ich hatte durch das viele Spazierengehen in der Natur das Glück in den kleinen Dingen entdeckt. Konnte mich an Blumen, Bäumen, Vögeln und Schmetterlingen erfreuen. Ich hatte auch niemals das Gefühl, dass wir das alles nicht schaffen würden. Auch als unser drittes Kind die Diagnose Depression bekam – ich blieb immer positiv. Und zwar nicht gekünstelt oder bemüht, sondern aus tiefstem Herzen. Körper und Geist passten zu diesem Zeitpunkt irgendwie nicht zusammen.

Erst als ich den ersten Lockdown nützte, um mich via Social Media mehr mit den Themen Trauma, sichere Bindung in der frühen Kindheit und Stressregulationsmuster zu beschäftigen, und mich in so vielen Beschreibungen und Posts wiedererkannte, wurde mir klar, warum das alles so gekommen war. Dieses »Zähne-Zusammenbeißen-und-Durch« war nicht erst durch unseren Schicksalsschlag, sondern schon viel früher entstanden. Ich hatte nicht nur gelernt, körperliche Bedürfnisse zu unterdrücken, sondern auch Gefühle. Da dies die alles entscheidende Erkenntnis war, widmen wir dem emotionalen Bereich einen eigenen Abschnitt. Es erklärt aber schon an dieser Stelle, warum Physiotherapie oder Massagen bisher kaum etwas gebracht hatten bzw. nicht nachhaltig sein konnten: Aufgrund meiner Art der Stressregulation begab ich mich jeden Tag in eine Art Überforderung. Nach der Therapie kippte ich sofort wieder in meine alten Muster, und die Muskeln verhärteten sich automatisch wieder.

Ich muss dazu sagen, dass diese Erkenntnis nicht allein durch Social Media und die darauffolgende Lektüre entsprechender Fachbücher zustande kam. Ich hatte zu diesem Zeitpunkt viele Jahre an Psychotherapie hinter mir, die mir einerseits geholfen hatte, die akuten Krisen durchzustehen, andererseits aber auch vieles, was ich in meiner Kindheit und Jugend erlebt hatte, in ein klareres Licht rückte. Ich begann zu verstehen, warum ich so bin, wie ich bin, warum ich in gewissen Situationen so und nicht anders reagiert hatte. Ich würde davor warnen, selbst auf die Suche nach Erklärungen zu gehen. Professionelle Hilfe ist unverzichtbar: als Anleitung, Ausrichtung und Rückhalt.

Durch die Psychotherapie hatte ich gelernt, mehr auf mich zu schauen, Grenzen zu setzen, mich nicht ständig zu überfordern. Doch den Zusammenhang mit meinen körperlichen Beschwerden hatte ich immer noch nicht ganz erfasst. Ich tat doch sowieso so viel für meinen Körper: aß gesund, machte 10.000 Schritte am Tag, versuchte mich mit verschiedenen Methoden zu entspannen.

Doch erst die Kombination von lockernder Physiotherapie und dem Erkennen meiner eigenen Stressregulationsmuster brachte endlich Veränderung, und damit auch Linderung. Als ich meine einzelnen Muskeln wieder spüren konnte und auch darauf Acht gab, merkte ich, in wie vielen alltäglichen Situationen ich die Schulter- und Nackenmuskulatur anspannte: beim Kochen, beim Telefonieren, bei anregenden Gesprächen, beim Einkaufen, beim Schreiben, beim Friseur, ja sogar unter der Dusche und auf der Toilette! Mit der Zeit ließ sich eine Verspannung nach der anderen lösen: zuerst der Nacken, dann die Schultern, dann der Kiefer.

Um das zu erreichen, war viel Zeit, Aufmerksamkeit und Eigenengagement gefragt: Sanftes Dehnen war meine neue regelmäßige sportliche Betätigung. In jungen Jahren hatte ich das immer als verhasste Notwendigkeit nach bzw. vor dem Volleyballspielen betrachtet. Schon damals war ich durch das viele einseitige Training verspannt und nicht sehr gelenkig gewesen. Doch jetzt spürte ich, wie in meinem Körper neue Lebendigkeit erwachte, weil ich ihn nach und nach aus dem starren Korsett meiner harten Muskulatur befreite. Fast gleichzeitig kehrten in anderen Körperbereichen, die ich als gefühllos und schlapp erlebt hatte, wieder jene Vitalität und Spannung zurück, die notwendig waren, um eine gute Rumpfstabilität zu erhalten. Mein ganzer Körper begann sich in dieser Zeit neu ein- und aufzurichten.

Je mehr meine Achtsamkeit für meinen eigenen Körper wuchs, desto früher erkannte ich diverse Stresssymptome, konnte Belastungen oder Situationen, die nicht mehr angenehm waren, ein wesentlich früheres Ende setzen als bisher. Dadurch ging auch die Alarmbereitschaft in meinem Körper zurück, denn das Gehirn bekam nicht mehr ständig die Information, »Achtung, Schulter und Nacken ziehen sich zusammen, da herrscht Gefahr!« Wobei ich erst wieder lernen musste, dass es viel mehr körperliche Stresssignale gibt, als mir bewusst waren: Da gehören plötzliche Heiserkeit ebenso dazu wie kalte Hände/Füße, sehr schnelles Sprechen oder das unbewusste Zähne-Zusammenbeißen (gerne in der Nacht).

Um wirklich regenerieren zu können, ist es also unerlässlich, das körpereigene Stressregulationssystem, das autonome Nervensystem, wieder ins Lot zu bringen. Wer sich derzeit im Internet auf die Suche macht (oder auch entsprechende Lektüre liest), wird viele hilfreiche Tipps finden, wie der Vagusnerv gestärkt werden kann. Da sind auch zahlreiche Vorschläge dabei, die sich leicht in den Alltag integrieren lassen, wie zum Beispiel simples Gurgeln morgens und abends, kalt duschen, bewusstes langes Ausatmen oder bei der Lieblingsmusik laut mitsummen. All das sind Reize, die den modernen Parasympathikus stimulieren.

Doch um ein in Schieflage befindliches Nervensystem wieder in Balance zu bringen, reicht es nicht aus, allein den Vagusnerv anzuregen, wie gerade auf Social Media vielfach propagiert wird – es ist extrem wichtig, sich auch auf die Suche nach den Stressoren im eigenen Körper zu machen. Das können extreme Verspannungen, aber auch ein fehlbesiedelter Darm (beispielsweise von Nahrungsmittel-Unverträglichkeiten verursacht) oder andere Entzündungen im Körper sein. Im Extremfall sind schon die kleinsten Kraftwerke unseres Körpers, die Mitochondrien, betroffen. Wenn in den Zellen zu wenige Mitochondrien vorhanden sind, dann kann der Organismus nur mehr ein sehr begrenztes Maß an Energie produzieren. Ein spezielles Hypoxie-Training, bei dem abwechselnd sauerstoffarme und sauerstoffreiche Luft eingeatmet wird und dadurch neue Mitochondrien gebildet werden, half mir aus der tiefsten Erschöpfung und gab neuen Auftrieb.

Der moderne Parasympathikus hatte bei mir seine Funktion des Datenüberträgers bestens erledigt, indem er auch die kleinste Information über eine weitere Anspannung brav dem Gehirn zukommen ließ. Bei meinen vielen Beschwerden war es allerdings auch kein Wunder, dass er seine Funktion als Ausgleichs- und Regenerationsnerv nicht mehr erfüllen konnte. Wie denn auch, wenn quasi ständig eine körperliche Alarmmeldung nach der anderen hereinkam. Der alte parasympathische Zweig (»Totstellen«) und der Sympathikus sind, einmal durch ein Trauma oder chronischen Stress aktiviert, kaum noch einzubremsen – vor allem, wenn zwar die äußeren, nicht aber die inneren Stressverursacher abgeschaltet sind. Zusätzlich problematisch ist, dass ja nicht nur das autonome Nervensystem, sondern auch die anderen Stressachsen in einer Fehlregulation feststecken. Das bringt das ganze hormonelle Gleichgewicht eines Organismus durcheinander, was wiederum zu Allergien, Autoimmunerkrankungen oder einer Insulinresistenz führen kann. Auf diese Bereiche genauer einzugehen, würde hier zu weit führen und außerdem unsere Kompetenzen übersteigen.

Bei Alex äußerte sich die Stressbelastung der vergangenen Jahre übrigens ganz anders: Bei ihm traten immer dann Schmerzen auf, wenn er die Spannung in seinem Körper vernachlässigte. Gemütliches Spazierengehen mit dem Hund bereitete ihm starke Rückenschmerzen, während er beim Skifahren oder Joggen gar nichts bemerkte. Das hat auch damit zu tun, dass jeder Mensch im Laufe seiner frühen Kindheit, wenn sich der moderne Parasympathikus entwickelt, andere Stressverarbeitungsmuster erlernt. Doch dazu mehr im nächsten Abschnitt.

3.2 Was es bedeutet, sich selbst und andere »regulieren« zu können

Wenn ein Kind geboren wird, ist es fundamental von seinen Eltern abhängig. Sein Leben hängt davon ab, ob es gut versorgt wird oder nicht. Ein menschlicher Säugling ist im Verhältnis zu allen anderen Lebewesen viel länger auf seine Eltern oder andere nahe Bezugspersonen angewiesen. Ein Neugeborenes kann sich noch nicht selbst beruhigen, wenn sein Organismus aufgrund von Hunger, Durst, Kälte, Hitze, Nässe, Schmerzen, Einsamkeit oder sonst einem anderen unangenehmen Gefühl Alarm geschlagen hat. Es kann sich nur durch Schreien mitteilen und muss sich darauf verlassen können, dass ihm geholfen wird.

Ich kann mich noch so gut an die erste Zeit mit unserem ältesten Sohn erinnern: Wie wir hektisch alle Möglichkeiten durchgegangen sind, wenn er sich nicht sofort durch Hochheben beruhigen ließ: Windel voll oder nass, Hunger, Durst, Schmerzen, Langeweile, Müdigkeit … Wir als Eltern waren selbst dann noch aufgeregt, wenn er sich nach einer Schreiphase schon längst zufrieden in unsere Arme kuschelte. In dieser Zeit war der Wechsel von Anspannung zu Entspannung deutlich spürbar. Je besser wir lernten, was unser Kind brauchte und wie es seine Bedürfnisse äußerte, desto sicherer wurden wir im Umgang mit ihm. Wir regten uns nicht mehr so schnell auf und entspannten uns auch wesentlich schneller wieder. Das wiederum hatte Auswirkungen auf unseren Sohn, der sich nun viel schneller beruhigen ließ.

Diese Interaktion zwischen Baby und Bezugsperson nennt man Co-Regulation. Da sich der moderne Vagusnerv eines Kindes in den ersten sechs Monaten erst fertig entwickeln muss (er wird mit einem »Mantel« überzogen, der die Reizübertragung schneller macht), ist das Baby darauf angewiesen, von einem »anderen« autonomen Nervensystem zu »lernen«. Es kann sich, wie schon gesagt, noch nicht selbst »regulieren«, also beruhigen, sondern wird eben vom Erwachsenen beruhigt. Am besten gelingt das zunächst meist der Mutter, aus dem einfachen Grund, weil sich das Kind schon während der Schwangerschaft im Bauch der Mutter mit deren Organismus synchronisieren konnte. Doch auch Vätern und anderen Bezugspersonen gelingt es durch Einstimmung auf die Bedürfnisse und die Gefühle des Neugeborenen, dieses zu regulieren. Unsere Hebamme war in dieser Hinsicht eine Zauberin: Sie konnte jedes noch so quengelnde Baby in den Arm nehmen, und es wurde ruhig.

»Regulieren« klingt in diesem Zusammenhang so technisch, ja fast lieblos, und soll nicht bedeuten, dass das Kind mechanisch quasi wie ein Radio leiser und lauter gedreht wird. Das alles spielt sich auf der emotionalen Beziehungsebene ab, die auch das soziale Kontaktsystem umfasst. Die Eltern signalisieren dem Baby durch Blicke, Laute und sanfte Bewegungen, dass es geliebt, versorgt und sicher ist.

Der Bindungsforscher John Bowlby erkannte, das Säuglinge auf den Gesichtsausdruck, die Stimmfarbe, auf feine Änderungen in der Bewegung und sogar auf physiologische Veränderungen ihres Gegenübers reagieren. Er ging davon aus, dass ein Baby sich auf eine primäre Bezugsperson – damals meist die Mutter – einstimmt und es von dieser Bindung abhängt, ob ein Kind zukünftig gesunde Stressregulationsmuster entwickeln kann oder nicht.

Sind die Eltern verlässlich für das Baby da, erfüllen sie seine Bedürfnisse nach Nahrung, Nähe, Kommunikation und körperlichem Wohlbefinden, so fühlt sich das Neugeborene geborgen und sicher aufgehoben. Indem er seine Bedürfnisse mittels Schreien bzw. später auch mit Lächeln oder Glucksen mitteilt und erlebt, dass darauf zeitnah reagiert wird, erfährt der Säugling eine erste Form der Selbstwirksamkeit. Das bedeutet, das Baby kann sich in gewisser Weise selbst helfen, indem es andere um Hilfe ruft.

Dies ist eine wichtige Voraussetzung, um Vertrauen in sich selbst und in seine Mitmenschen entwickeln zu können. Wenn sich ein Kind darauf verlassen kann, dass es sicher und versorgt ist – sowohl körperlich als auch emotional –, dann gelingt es später besser, Bedürfnisse aufzuschieben. Eine Botschaft, die dabei verinnerlicht ist, lautet: Ich muss keine Angst haben, dass ich verhungere, verdurste, erfriere, verlassen werde etc., daher kann ich auch kurz (oder später länger) warten, bis mein Bedürfnis gestillt wird. Eine andere Gewissheit, die sich auf diese Art und Weise manifestiert, ist der Glaube daran, dass ich selbst etwas bewirken kann, indem ich mich anderen mitteile. Ich werde mir selbst bewusst, indem mich andere wahr- und meine Bedürfnisse und Empfindungen ernst nehmen.

Das alles bildet die fundamentale Voraussetzung dafür, dass ein Kind mit der Zeit lernt, sich selbst zu regulieren. Selbstregulation ist nichts anderes, als die Fähigkeit, mit (Stress-)Reizen aus der Umwelt umgehen zu können. Ich kann mich nach einer Aufregung schnell wieder beruhigen, mich für eine bevorstehende Aufgabe motivieren, mich aktivieren, um Sport zu betreiben. Kinder lernen in kleinen Schritten, sich selbst zu beruhigen. Bald braucht es nicht bei jedem Schreien die Eltern, sondern findet vielleicht selbst bei einem Spielzeug Ablenkung. Irgendwann schlafen alle Babys durch, weil sie sich auch in der Nacht so sicher fühlen, dass sie nach ganz normalen, kurzen Wachphasen wieder einnicken. Kindergartenkinder kommen mit den sozialen Herausforderungen in der Gruppe immer besser zurecht, können sich an Regeln und Vereinbarungen halten, ohne ständig von den PädagogInnen dazu angehalten zu werden.

Selbstregulation bedeutet, mit den Herausforderungen des Lebens umgehen zu können – auf der Basis einer anpassungsfähigen, körperlich wie mentalen Stressreaktion, die sich hauptsächlich auf den modernen Vagusnerv stützt. Ist die Funktion des modernen Vagusnervs beeinträchtig, weil Sympathikus bzw. der alte Vagus die Oberhand gewonnen haben, dann wird das Leben zum ständigen Kampf voller Ängste und Sorgen. Deshalb sind die ersten Monate in der kindlichen Entwicklung auch so wichtig, da sich der moderne Vagus in dieser Zeit erst fertig ausbildet und vom Nervensystem der Bezugsperson »lernt«. Natürlich spielen auch genetische Faktoren eine große Rolle, die den Charakter eines Kindes prägen. Doch während man auf die Gene keinen Einfluss nehmen kann, gelingt dies im Bezug auf den Vagusnerv bzw. die gespeicherten emotionalen Erinnerungen schon. Ein Kind, das in einer unzuverlässigen, ja gefährlichen Umgebung heranwächst, muss nicht nur ständig auf der Hut sein (und sein Alarmsystem hochfahren), sondern speichert auch viele negative Erinnerungen genau in dem unbewussten Bereich des Gehirns ab, das für die (Gefahren-) Einschätzung der Umgebung zuständig ist. Es wird später eine Situation oder ein Gegenüber als bedrohlicher einschätzen als jemand, der hauptsächlich positive Erfahrungen gemacht hat.

Nun kann ich mich selbst gut daran erinnern, dass nach der Geburt meines ersten Kindes zwischen Eltern und Großeltern immer noch darüber diskutiert wurde, ob bzw. wie lange man ein Baby schreien lassen sollte, ob man es nur nach einer gewissen Zeit oder nach Bedarf stillen/füttern sollte, ob es im Familienbett oder im eigenen Zimmer schlafen sollte und vieles mehr. Der Grundtenor der älteren Generation lautete stets, man dürfe Säuglinge nicht verwöhnen, sonst tanzten sie einem später auf der Nase herum. Der Paradigmenwechsel in der Erziehung – weg von autoritären hin zu demokratischen Verhaltensweisen – war in der Gesellschaft zwar bereits angekommen, hatte aber nach wie vor viele KritikerInnen. Der Laissez-faire-Stil mit seinen (vermeintlich) außer Rand und Band geratenen Kinderkrippen-Kindern, die alles kurz und klein schlagen, spukte als drohendes Worst-Case-Szenario in den Köpfen vieler Erwachsener herum. Als junge Mutter zweier Kleinkinder fühlte ich mich damals ständig auf dem Prüfstand, wenn ich mich in der Öffentlichkeit (beim Einkaufen, im Restaurant) bewegte: Hat sie ihre Kinder im Griff? Sind sie gut erzogen, oder sind sie zu laut? Stören sie jemanden? Alex erging es übrigens nicht so – denn Erziehung galt nach wie vor als Frauensache.

Die neueste Entwicklungsforschung sprach zwar damals schon vom »kompetenten Säugling«, der in der Lage war, feinste Unterschiede im mimischen und gestischen Ausdruck seiner Bezugspersonen zu lesen. In der Bindungsforschung machte man ebenfalls deutlich, wie fatal sich eine fehlende emotionale und bedürfnisorientierte Einstimmung auf das weitere Leben eines Kindes (bis ins Erwachsenenalter) auswirkte. Und doch war das Verständnis von Erziehung von ganz alten Vorstellungen, die aus dem dunkelsten Kapitel unserer Geschichte stammten, geprägt – und das ist es teilweise bis heute noch.

Alex' Großmutter hatte das Buch »Die Mutter und ihr erstes Kind«, das in der NS-Zeit noch »Die deutsche Mutter und ihr erstes Kind« hieß, wie so viele Eltern aus dem deutschsprachigen Raum in ihrem Bücherregal stehen. Ein Werk, das nach dem Krieg zunächst von den Alliierten verboten worden war und später, nur leicht modifiziert, wieder verkauft bzw. von offizieller Stelle verschenkt wurde. Tausende Mütter, Väter und auch offizielle Institutionen orientierten sich noch lange nach dem Nazi-Regime an den harten und teilweise erbarmungslosen Erziehungsregeln, die Johanna Harrer so überzeugend zu Papier gebracht hatte. Säuglinge durften auf keinen Fall verwöhnt, ja mussten abgehärtet werden. Das bedeutete: kaum Körperkontakt, schreien lassen, bis die Kinder von selbst verstummten, Essen nur zu fixen Zeiten, emotionale Distanz und (körperliche) Strafen. Es galt, den Willen der Kinder so früh wie möglich zu brechen.

Was bedeutete dies für das Stressempfinden eines Kindes? Ein Säugling, der Hunger hat, tut dies durch Quengeln kund. Wird er nicht versorgt, intensiviert er sein Mitteilen, wird lauter. Je stärker das Hungergefühl, desto höher steigt auch der Erregungsgrad: Das Baby schreit, schwitzt, spannt sich an, das Herz schlägt schneller. Ein Baby versteht noch nicht, dass es, wenn es zwei Stunden nach der Fütterung wieder Hunger bekommt, nicht verhungern muss, weil es ja nach insgesamt vier Stunden wieder etwas bekommt (so wie es lange Zeit üblich war). Es hat jetzt Hunger und gerät jetzt in höchste Erregung, weil es kein Zeitgefühl und akut Angst hat, auf der Stelle verhungern zu müssen. Das Kampf-Flucht-System springt sofort an, denn der moderne Vagus, der einem erlaubt, länger ruhig und entspannt zu bleiben, ist – wie oben erläutert – noch nicht vollständig entwickelt.

Aus diesem Wissen hat sich das bedürfnisorientierte Füttern/Stillen entwickelt, das sich nicht an einen fixen Stundenplan hält. Das Kind lernt: Wenn mein Körper Hunger/Durst meldet, dann esse/trinke ich. Ist mein Bedürfnis gestillt, wird mein Nervensystem herunterreguliert, und mein Organismus beruhigt sich. Dasselbe gilt etwa bei Bedürfnis nach Nähe und emotionaler Zuwendung: Der Säugling fühlt sich alleine (was ja potenziell lebensgefährlich wäre), fühlt die innerliche Erregung bzw. die Angst und meldet sich durch Schreien. Ein Elternteil geht auf das Kind ein, nimmt es in den Arm, spricht mit ihm, beruhigt es, und die Erregung kann sich wieder legen. Das Bedürfnis ist befriedigt, und das Kind findet dank der Unterstützung in einen entspannten Modus, der dem modernen Vagus entspricht.

Wird das Kind allerdings sich selbst überlassen, dann steigert sich das anfängliche Quengeln bis zum panischen Kreischen, der Organismus des Babys fährt das Alarmsystem bis zum Anschlag hoch (mit allen körperlichen Begleiterscheinungen, wie Schwitzen oder einem roten Kopf). Erfährt es dann immer noch keine Beachtung, greift der alte Anteil des Vagus, der bei (potenzieller) Lebensgefahr reagiert, ein: Der Organismus wird heruntergefahren, alle Systeme verlangsamt (Herzschlag, Verdauung), und der Säugling verstummt – was fälschlicherweise häufig so interpretiert wird, dass sich das Baby selbst beruhigt hat.

Wird ein Säugling aufgrund dieser Fehlannahme nun regelmäßig mit seinen Bedürfnissen allein gelassen, dann setzt sehr wohl ein Lernprozess ein: Allerdings lernt das Baby nicht, sich selbst zu beruhigen, sondern es fährt seine Bedürfnisse zurück. Schon mit sechs Monaten sind Babys dazu fähig, sich an die äußeren Umstände dermaßen anzupassen, dass sie ihre Bedürfnisse nach Nähe, Aktivierung oder Beruhigung und Kommunikation ganz nach ihren Bezugspersonen ausrichten. Können sich Eltern beispielsweise nicht auf ihr Kind einlassen, weil sie sich ständig von anderen Dingen ablenken lassen, so wird das Kind irgendwann weniger Aufmerksamkeit einfordern – egal ob das nun gut für die eigene Entwicklung ist oder nicht.

Ich glaube, so wird deutlich, wie anhand von Co-Regulation die Basis für ein Stressverarbeitungsmuster gelegt wird, das einen Menschen ein Leben lang prägen kann. Die Entwicklung der Selbstregulation hängt in den ersten Jahren eines Kindes fundamental von Bezugspersonen ab, nicht nur in der Familie, sondern später auch in den verschiedenen Bildungseinrichtungen. Jeder Mensch kann da auf eine eigene Geschichte zurückblicken. Allerdings sind diese Verhaltensmuster kaum jemandem bewusst, denn sofern keine Traumatisierung stattgefunden hat, passen sich die meisten Menschen ihren Möglichkeiten der Stressverarbeitung an und hinterfragen sie nicht. Vielleicht wundert sich die/der eine darüber, warum sie/er sich in manchen Situationen besonders aufregt, während andere ruhig bleiben. Ich habe zum Beispiel lange nicht verstanden, warum es mir körperliche und seelische Qualen bereitet, wenn ich ein Baby im Supermarkt panisch schreien höre. Erst als ich im Rahmen meiner Therapie erfahren habe, dass man mich als Säugling für mindestens eine Nacht alleine in meinem Bettchen in einem Kellerraum schreien ließ, damit ich den Unterschied zwischen Tag und Nacht lernte, wurde mir klar, warum ich so reagierte.

Dramatischer wird das Ganze, wenn ein Kind lang anhaltender Gewalt, Misshandlung, Vernachlässigung oder auch einer schweren Erkrankung ausgesetzt ist. Ein Trauma wirkt sich dramatisch auf die persönliche Fähigkeit zur Stressregulation aus. Wer als Kind misshandelt wurde und sich quasi totstellen musste, wird Schwierigkeiten haben, sein Leben zu meistern. Dann ist der Alltag geprägt von Ängsten, Antriebslosigkeit, körperlichen Beschwerden usw. Wenn das alte Notfallprogramm übernehmen musste, um das eigene Überleben zu sichern, dann bleibt der alte Vagus auch beim Heranwachsen dominant. Dazu kommt, dass manche Menschen sich eines Kindheitstraumas gar nicht bewusst sind. Zum einen kann man sich nicht an die ersten Jahre seines Lebens erinnern, und zum anderen werden traumatische Erlebnisse nicht als ganzheitliches lineares Erlebnis im Gehirn abgespeichert. Die Erinnerung besteht vielmehr aus Fragmenten, einzelnen sinnlichen Eindrücken, wie ein Duft, eine spezielle Stimmung, eine Farbe, ein Lichtschein, eine Berührung, ein dumpfes Gefühl. Das macht verständlich, warum manche Menschen als Erwachsene (oder schon im Teenageralter) von gewissen Situationen getriggert werden und in höchste Aufregung geraten, ohne sich erklären zu können, warum.

Wir wollen an dieser Stelle durch diese pointierte und natürlich auch verkürzte Darstellung der autonomen Co- und Selbstregulation keine jungen Eltern in Angst versetzen, dass sie womöglich etwas falsch machen, wenn sie nicht sofort auf das kleinste Piepsen ihres Säuglings reagieren. Natürlich kann das nächste Stillen durch Kuscheln, Ablenken oder Nuckeln am Schnuller etwas hinausgezögert werden. Natürlich gibt es Situationen, wo nicht sofort reagiert werden kann, weil beispielsweise das Fläschchen erst warm gemacht werden muss. Die meisten Eltern versuchen heutzutage ohnehin, alles perfekt zu machen, und werden durch unzählige Erziehungsberatungsbücher zusätzlich verunsichert.

Auch unsere Eltern und Großeltern wollten zum Großteil alles richtig machen. Doch Erziehung ist wie so vieles abhängig von Zeit, Ort, Kultur und gesellschaftlicher Situation. Meine Mutter galt als Ausnahme, weil sie stillte – Fläschchennahrung war in den 70ern en vogue: Sie sei wertvoller und nahrhafter, weil die Kinder damit den verordneten Vier-Stunden-Takt besser aushielten. Meine Großmutter machte sich Vorwürfe, weil sie ihren Sohn nicht schreien lassen hatte können. Sie lebte damals mit ihrer kleinen Familie in einem Zimmer zur Untermiete, und die Vermieter duldeten kein Babygeschrei. Noch bis in die 80er Jahre wurden Kinder alleinerziehender Mütter in Heime gesteckt, da ihre Erziehung unter dem »unsteten Lebenswandel« ihrer arbeitenden Mütter leiden würde. Was in solchen Institutionen unter »Erziehung« verstanden wurde, kommt erst heute langsam ans Tageslicht: Schwerarbeit, Nahrungsentzug, Einsperren und teilweise sexuelle Erniedrigung bzw. Misshandlung.

Was für Kinder gut ist und nach welchen Idealen sie erzogen werden sollen – die Einstellung zu diesen Fragen hat sich im Laufe des letzten Jahrhunderts extrem verändert. Dank Wissenschaft und Forschung zum Glück zum Besseren, was aber nicht ausschließt, dass die dunkle Seite der Pädagogik bis heute Nachwirkungen hat. Es ist noch nicht lange her, dass die pauschale Bezeichnung als »Tyrannenkinder« für die heutige Generation medial und gesellschaftlich großen Anklang fand. Dazu kommt, dass wir, wenn wir in unserer Geschichte einige Generationen zurückgehen, unwillkürlich beim Krieg landen. Meine Großeltern waren im Zweiten Weltkrieg junge Erwachsene und haben Furchtbares erlebt. Mein Vater und meine Mutter kamen zwar erst nach Kriegsende zur Welt, wurden aber von Eltern erzogen, die durch all die Gewalt und Zerstörung extrem traumatisiert waren. Der Krieg hatte Auswirkungen auf die Regulationsfähigkeit und das Stresserleben unserer Großeltern, dies wiederum beeinflusste ihre Fähigkeit, sich auf ihre Kinder einlassen zu können. Die daraus resultierende, oft gefühlskalte Kindheit (mit fehlender Co-Regulation) unserer Eltern hatte wiederum negative Folgen für deren Selbstregulation. Noch dazu herrschte ein Klima des Schweigens: Über den Krieg und seine Auswirkungen wurde nicht gesprochen. Depressionen und andere seelische Erkrankungen waren absolute Tabuthemen.

Wenn man also in seiner Vergangenheit danach forscht, warum man so ist, wie man ist, dann geht es nicht darum, die eigenen Eltern oder Großeltern zu verurteilen, sondern darum, sie zu verstehen und zu begreifen. Die Weitergabe von Verhaltensmustern erfolgt von Generation zu Generation über Jahrzehnte und Jahrhunderte hinweg.

Uns ist es daher ein Anliegen, aufzuzeigen, dass das von den Eltern unterstützte Wechselspiel von Erregung und Entspannung die Entwicklung gesunder Stressregulationsmuster fördert bzw. erst möglich macht. Das verlässliche Reagieren auf eine Erregung gibt einem Kind wiederholt die Möglichkeit, einen Zustand der Entspannung und der Zufriedenheit zu erleben. Gleichzeit erhöht sich durch diese Gewissheit auch die Fähigkeit, unangenehme Zustände länger zu tolerieren. Dieses Toleranzfenster wird im Laufe der Entwicklung im besten Fall immer größer und repräsentiert schließlich jene autonome Verschaltung, in der der moderne Vagusnerv aktiv alltägliche Herausforderungen meistert, ohne dass sich der kräftezehrende Sympathikus-Modus dazuschalten muss.

Um nicht falsch verstanden zu werden: Am alten Vagus und am Sympathikus ist nichts Schlechtes. Im Optimalfall existieren alle drei autonomen Regulationssysteme harmonisch nebeneinander, jedes wird je nach Bedarf aktiviert. Um sich aber erholen zu können, und damit einem die eigenen Kräfte nicht verloren gehen, braucht es eine stete Rückkehr zum modernen Vagus.

Doch so unterschiedlich die Menschen sind, so unterschiedlich ist auch die Größe ihres Toleranzfensters, d. h. jener Bereich, in dem Spannung und Entspannung sich ungefähr die Waage halten. Dieses Toleranzfenster wird nicht nur durch die Fähigkeit zur Einstimmung der ersten Bezugspersonen bestimmt, es ist auch davon abhängig, wie die Eltern selbst reguliert sind. Ist die Stimmung zu Hause immer angespannt, sind Vater und Mutter dauernd gestresst oder nervös? Gibt es auch Ruhephasen oder herrschen ständig Trubel und Geschäftigkeit? Haben die Eltern Existenzängste oder andere Sorgen? Können sie auch einmal abschalten und trotz allem phasenweise glücklich und zufrieden sein?

Kinder jeden Alters sind extrem sensibel für Stimmungen aller Art, auch wenn sie das, was sie innerfamiliär spüren, manchmal nicht bewusst benennen können. Sie lernen am Vorbild: Wie groß ist das Toleranzfenster meiner Mutter, meines Vaters? Flippt jemand bei jeder Kleinigkeit aus (Fight-Flight, »Kampf oder Flucht«) oder schleppt sich jemand fast phlegmatisch durchs Leben (freeze, »einfrieren«)? Ergreifen meine Eltern Möglichkeiten zur Entspannung und wenn ja, welche? Betäuben sie sich mit Suchtmitteln (Alkohol, Nikotin), um nach einem anstrengenden Tag herunterzukommen, oder liegen sie wie erstarrt vor dem Fernseher?

Als Alex in der Hochphase seiner Trainerkarriere war, kam er stets in einem Zustand höchster Erregung nach Hause: Entweder seine Sportler hatten gesiegt, oder es gab einen Grund, sich fürchterlich aufzuregen, weil seinem Team irgendeine Ungerechtigkeit widerfahren war. Ich selbst war ebenfalls angespannt, wenn er heimkam. Einerseits freute ich mich auf eine gemeinsame Zeit und hoffte auch auf etwas Entlastung, andererseits wusste ich, dass er ein Tempo angeben würde, mit dem der Rest der Familie nur schwer mitkam (und irgendwann auch nicht mehr mitkommen wollte).

Die Tage zu Hause bedeuteten für uns alle höchste Anspannung, außer es gelang den Kindern und mir, Alex ein bisschen Ruhe zu vermitteln – ihn also so weit zu regulieren, dass er sich unserem langsameren Rhythmus anpasste. Wenn Alex aber seine Anspannung aufgab, dann hatte das meist zur Folge, dass ihn die Erschöpfung übermannte und er komplett erstarrte. Die Kinder kannten bei ihm also nur diese beiden Extreme: Kampf oder Lähmung. Gleichzeitig erlebten sie, dass ich mich total an Alex anpasste: Wenn er weg war, wirkte ich meist ruhig und ausgeglichen, wenn er daheim war, war ich dagegen oft angespannt und wütend. Ich kann mich noch so gut daran erinnern, dass die Kinder Alex' Aufbruch zum nächsten Weltcupwochenende mit den Worten quittierten: »Gell, jetzt machen wir uns wieder eine feine Zeit.« Es war mir in seinem Beisein einfach nicht möglich, in meinem eigenen Toleranzbereich zu bleiben, sondern ich wurde von seinem Erregungslevel regelrecht angesteckt.

Das hatte einerseits damit zu tun, dass ich – wie ich heute weiß – in meiner Kindheit mit keinem besonders großen Toleranzfenster ausgestattet wurde, und andererseits, dass ich früh gelernt hatte, meine Bedürfnisse an die komplizierten familiären Verhältnisse anzupassen. Doch wer seine eigenen (Belastungs-)Grenzen nicht kennt, sich immer nur für andere verausgabt und die eigenen Bedürfnisse stets hintanstellt, ist kein gutes Vorbild. Meine Regulierung funktionierte nur daheim mit den Kindern: Da war ich entspannt, kreativ, fröhlich und ausgeglichen. Doch sobald es nach außen ging oder uns jemand besuchte, konnte ich mich den Stimmungen und Regulierungen der anderen nicht entziehen. Und auch wenn man mir das meist nicht ansah (ich hatte mein Pokerface perfektioniert), unbewusst hatten meine Kinder längst mitbekommen, wie ich tickte. Wie viel Angst mir das Außen oder andere Menschen bescherten. Wie selten ich mich in der Öffentlichkeit entspannen konnte. Wenn ich heute darüber nachdenke, fallen mir nicht viele Gelegenheiten ein. Es gab nicht viele Menschen, bei denen ich mich sicher fühlte, und noch weniger, die mir dieses Gefühl vermitteln konnten.

Im Grunde waren wir beide, Alex und ich, lange nicht fähig, uns selbst zu regulieren, also uns selbst in einen Zustand der Ausgeglichenheit zu bringen. Zumindest ich lernte durch die Kinder, wie es gelang, andere zu regulieren. Ich bekam ein Gefühl für das notwendige Wechselspiel von Entspannung und Anspannung, wann es zu viel wurde, mit der Aktivierung durch Spiel und Freunde, und wann die Kinder Ruhephasen brauchten. Dazu kamen natürlich auch viel Wissen und Reflexion durch meine beiden Pädagogikstudien.

Alex wurde zur gleichen Zeit der erfolgreichste Trainer der Skisprunggeschichte. Er verstand es, seine Athleten zu pushen, anzutreiben und zu motivieren. Sie gingen für ihn über ihre mentalen und körperlichen Grenzen, um Höchstleistungen zu erbringen. Und der Erfolg gab ihnen allen recht. Alex wusste, wie Sportler tickten, hatte aus den eigenen Fehlern als Athlet gelernt. In der Öffentlichkeit glänzte er als väterlicher Trainer für seine jungen Burschen, im Team blieb er in Wahrheit unnahbar, da alles dem Erfolg untergeordnet war. Das Zwischenmenschliche überließ er meist

Co- bzw. Individualtrainern, die Ruhepol und Kummertante gleichzeitig sein mussten.

Alex sah sich als Jongleur des Erfolges, der seine sechs Superadler auf dem Weg zum Sieg stetig voranbringen wollte. In der Wettkampfsituation war er sich seiner Qualitäten absolut sicher und konnte dies den Athleten in Form von Co-Regulation perfekt weitergeben. Persönliche Probleme oder finanzielle Sonderwünsche im Vorfeld empfand er allerdings als unnötige Stolpersteine, von denen er sich nicht bremsen lassen wollte. Die Aufgabe, diese zur Seite zu räumen, überließ er den anderen Betreuern und auch dem Sportdirektor. Er ließ sich dadurch aber die Möglichkeit entgehen, eine sichere und nachhaltige persönliche Bindung zu den Athleten aufzubauen. Diese fühlten sich nicht verstanden und mit ihren Problemen nicht ernst genommen. Alex scheute sich zu intervenieren, da er glaubte, die Kluft zwischen den Sportlern dadurch noch zu vergrößern. Er saß ohnehin ständig zwischen allen Stühlen, da ihm von jeder Seite stets eifersüchtig vorgeworfen wurde, mehr für die andere zu tun.

Schwerwiegende Probleme, die den Erfolg gefährdeten (wie schwere Verletzungen oder Erschöpfungszustände), erklärte Alex hingegen zur alleinigen Chefsache. Dies konnte allerdings nur gutgehen, da sich seine Co-Trainer absolut loyal verhielten. Nach einem Betreuerwechsel nahm Alex dieses Verhalten als zu selbstverständlich an und sah nicht, dass sich einzelne Trainer ausgenutzt fühlten. Kein Wunder, denn das zeitaufwändige und verständnisvolle Einlassen und Diskutieren von »kleineren« Problemen hatten ja sie übernommen, und wenn es darauf ankam, stellte sich Alex in den Vordergrund.

Kritik an seinem Verhalten, seinem Ehrgeiz und an seinem überbordenden Antrieb ertrug er nur schwer. Kam sie von außen (wie von JournalistInnen), teilte er ordentlich aus, kam sie von innen, versuchte er, alles möglichst schnell wieder zurechtzubiegen. Er setzte alles daran, die Harmonie im Team wiederherzustellen, und dafür wollte er allen alles recht machen – was natürlich unmöglich war.

Beide Zustände, sowohl der extreme Antrieb als auch das verbissene Harmoniestreben, waren von höchster Anspannung gekennzeichnet. Alex befand sich fast dauerhaft außerhalb seines Toleranzfensters, und zwar über der oberen Grenze, im Fight-Flight-Modus. Abschalten fiel ihm schwer und gelang eine gewisse Zeit lang nur mit mehreren Gläsern Weißbier. Damit schlief er zwar wie ein Stein, von effektiver Erholung aber war keine Spur.

Auch dieses Allen-alles-recht-Machen kostet extrem viel Kraft. Wenn man sich komplett auf jemanden anderen einstellt, jede noch so minimale Stimmungsschwankung wahrnimmt, sich so angepasst verhält, als wolle man jede mögliche negative Situation von vorneherein unterbinden bzw. auch den kleinsten Konflikt verhindern – dann befindet man sich unter Höchstspannung. Da der Ausdruck Kampf- oder Fluchtverhalten für diese Art der Übererregung nicht passte, fand man im Englischen den Begriff »fawn«, sprach also vom Fight-Flight-Fawn-Reflex. »Fawn« oder »fawning« bedeutet, ins Deutsche übersetzt, »schmeicheln« im Sinn von sich unterordnen, vor dem anderen buckeln. Wer in einer Gefahr nicht kämpfen oder fliehen kann, dem bleibt nichts anderes über, als sich dem Gefährder quasi anzudienen, um sein Überleben zu sichern.

Und da sind wir auch wieder bei den dunklen Zeiten der Pädagogik: Kinder, die mit Angst und Zwang »erzogen« werden, lernten, es den Eltern recht zu machen, ihnen mit gutem Benehmen und guten Leistungen zu schmeicheln. Was das für sie selbst und für ihre eigene Fähigkeit zur Regulation, zur Erholung, bedeutete, steht auf einem anderen Blatt.

Ein anderer Ausdruck für Menschen mit diesem Verhaltensmuster kommt wieder aus dem Englischen und heißt

»people pleaser«. Es bedeutet, dass man versucht, es allen Menschen recht zu machen, allen Ansprüchen zu genügen. Und die Ansprüche sind hoch in unserer Optimierungsgesellschaft. Ein gutes Beispiel dafür ist das moderne Bild einer Mutter. Sie muss ein Tausendsassa sein: immer für alle ein offenes Ohr, Köchin (natürlich gesund und frisch), Lehrerin, Putzfrau, Taxi, daneben noch attraktive und fitte Liebhaberin – und das alles am besten neben einem 40-Stunden-Job und der dazugehörigen Fortbildung, damit sie später einmal nicht in der Altersarmut landet. Doch auch Männer können sich dem Optimierungswahn längst nicht mehr entziehen, und für eine gute Karriere ist es fast schon normal, dass auf genügend Schlaf und Erholung verzichtet wird.

Wer ständig angespannt ist, der gerät irgendwann vollends in die Kampf-Flucht-Verschaltung. Die ständige Übererregung wird dabei als die neue Normalität erlebt. Man ist ununterbrochen aktiv, hechtet von einer Tätigkeit zur nächsten und fühlt sich dabei ungemein produktiv und lebendig. Wer braucht schon Pausen, wenn er über so viel Kraft und Energie verfügt. Wenn ich darüber nachdenke, welches Pensum ich mir als Mutter von zwei, drei und schließlich vier Kindern auferlegt hatte, kann ich heute nur darüber staunen. Über wie viel Energie ich einmal verfügt habe! Kochen, waschen, putzen – alles mehr oder weniger gleichzeitig, denn Multitasking spart Zeit. Kinder versorgen, auf ihre Bedürfnisse eingehen, mit ihnen spielen, Ausflüge machen, dann noch studieren und lernen und schließlich arbeiten. Dabei noch unterstützende Ehefrau sein, die ihren Mann berät, seine Energietankstelle und sein Kummerkasten ist. Schließlich noch die komplizierte Herkunftsfamilie irgendwie zusammenhalten und auch der Schwiegerfamilie gerecht werden. Und Sport, für den Ausgleich, die Fitness und die Figur. Und das alles noch nicht genug, um sich selbst als wertvoll zu empfinden oder sich das Recht zuzugestehen, sich regelmäßige und längere Pausen zu nehmen. Allem und jedem gerecht zu werden bis zur Selbstaufgabe. Ein Heraus aus diesem Hamsterrad gab es nicht, denn das hätte ja bedeutet, versagt zu haben.

Was heißt das für eine Beziehung, wenn zwei Menschen einander begegnen, deren Programm aus Aufregung, Anspannung und Übererregung besteht? Nun, sie begeistern sich zunächst einmal füreinander und dieselben spannenden Hobbys: Als Alex und ich in den ersten Jahren zusammen waren, faszinierte uns die Welt der Gefahren und Herausforderungen: Gleitschirmfliegen, Bungyjumping, Rafting, Skeleton – alles betrieben wir gemeinsam bzw. probierten es gemeinsam aus. Doch während mir mit der Zeit die Angst bzw. die Erschöpfung nach den Aktivitäten einen Strich durch die Rechnung machte, war Alex schier unerschöpflich in seiner Gier nach aufregender Anspannung. Als Trainer konnte er sich da genauso ausleben wie zuvor als Athlet, denn das Vorbereitungsprogramm der Skispringer hielt immer auch spektakuläre Gustostückerln bereit, wie Bodyflying oder Klettern.

Alex schien sich durch all diese Aktivitäten, die ständige berufliche Abwechslung und die vielen zwischenmenschlichen Kontakte regelrecht mit Energie aufzuladen, während ich mir eingestehen musste, dass mich das Ganze auslaugte: kein Skispringen, keine Gala, kein öffentlicher Auftritt, ohne dass mich hinterher Migräne quälte. Ich wollte lange nicht wahrhaben, dass ich ein introvertierter Mensch bin, der Rückzug und Ruhe braucht, zumal ich es kaum aushielt, mit mir alleine zu sein. Lieber versuchte ich, mich an Alex anzupassen und meine Belastungsgrenzen weiter auszudehnen. Erst heute ist mir bewusst, dass ich aufgrund einer traumatischen Erfahrung in der Kindheit schwer allein sein konnte bzw. große Angst vor Ablehnung hatte.

Meinem Körper hatte ich nie etwas vormachen können.

Die Kopfschmerzen ließen sich durch Medikamente zwar gut unterdrücken, die Haut spielte dafür regelmäßig mit starken Psoriasis-Schüben verrückt. Unsere unterschiedlichen Energielevel bei ähnlicher Verschaltung (beide meist im Alarmzustand) hatten irgendwann auch Auswirkungen auf unser Intimleben. Davon abgesehen, dass sich kaum ein Paar nach vielen Jahren Ehe und mehreren Kindern in sofortiger Ekstase aufeinander wirft, hatte vor allem ich große Schwierigkeiten, mich auf Alex einzulassen. Während er Sex zur Entspannung gebraucht hätte, war ich gleichzeitig erschöpft und angespannt, sodass ich überhaupt nicht zur Ruhe kommen konnte. Gedanken rasten durch meinen Kopf, Berührungen wurden schnell unangenehm, an ein entspanntes Loslassen war nicht zu denken. Dazu kamen zunehmende Schmerzen durch die einsetzenden Wechseljahre und alte Geburtsverletzungen.

Was wir damit sagen wollen ist, dass man sich im Alltag – um Harmonie bemüht – zwar lange etwas vormachen kann, in der Sexualität gelingt dies aber bald nicht mehr. Ich konnte Alex auch gar nicht genau sagen, was ich bräuchte, um mich auf ihn einlassen zu können. Ich wusste nur, dass ich seine Anspannung, seine ständige Kampf-Flucht-Verschaltung, seine immer gleichen Verhaltensmuster nicht länger hinnehmen konnte. Ich war zwar dank unserer Kinder inzwischen Meisterin der Co-Regulation geworden, konnte stundenlang zuhören, beruhigen, motivieren und jemanden aufbauen, aber irgendwann hatte ich es satt, dass diese Form der Unterstützung zwischen uns als Einbahnstraße verlief. Ich fühlte mich als Energietankstelle für alle, die selbst nie nachgefüllt wurde. Alex war sich lange nicht bewusst, dass es überhaupt Beziehungsarbeit brauchte, um unser Problem lösen zu können. Die ganze Thematik war ein nur selten angesprochenes, aber stets über uns schwebendes Damoklesschwert, für das es lange Zeit keine Abhilfe gab – auch wenn wir uns immer wieder darum bemühten.

Erst durch die dramatischen Ereignisse in unserer Familie habe ich den Schritt in die Psychotherapie gewagt, um meinen Verhaltensmustern und meinen Ängsten auf den Grund zu gehen. Dieser Prozess dauert bis heute an. Ich musste unendlich viele Schichten meiner Seele nach und nach abtragen und meinen Körper erst wieder neu spüren und kennenlernen, um mich schlussendlich meinen tiefsten und ureigensten Ängsten stellen zu können. Alex tut sich bis heute schwer damit, eine Psychotherapie in Anspruch zu nehmen. In den Akutphasen seiner Depression und angesichts unseres Schicksals war er dazu bereit, aber tiefer wollte er bis jetzt nicht gehen. Und vielleicht muss er das ja auch nicht, zumal er sich (dank meines Vorbildes) mehr und mehr seiner Verhaltensmuster bewusst wird. Oft beginnt die Veränderung in einem System ja schon, nur weil sich ein einziges Teilchen anders zu drehen beginnt. Erneuerung ist auch möglich, ohne in alten Wunden zu graben.

3.3 Selbstregulation (wieder-)erlernen

Wenn man Kinder beim Spielen beobachtet, dann bekommt man am besten einen Eindruck davon, was es mit dem Toleranzfenster auf sich hat: dieses unbeschwerte Ganz-bei-sich-Sein – mal aufgeregt, mal ruhiger –, dieses angenehme Versunkensein in eine Tätigkeit, die ganz und gar fesselt. Alles fällt leicht, kostet kaum Kraft, geschieht wie von selbst. SportlerInnen beschreiben diesen Zustand als »Flow«.

Gerade beim Skispringen ist dieser heiß ersehnte Flow ganz schwer zu erreichen, wertet das Gehirn den Sprung in die Tiefe auch bei noch so erfahrenen AthletInnen doch als größte Gefahr. Messungen, die während Alex' Zeit als Cheftrainer durchgeführt wurden, haben ergeben, dass die Herzfrequenz eines Springers mit dem Absprung plötzlich rapide absinkt. Ein Zeichen dafür, dass der alte Anteil des Vagusnervs als Notbremse eingreift und den Herzschlag herunterreguliert. Am Absprungbalken ist die normale (Wett-)Kampfanspannung mit eingeübten Bewältigungsstrategien noch beherrschbar, rast der Sportler/die Sportlerin aber mit zunehmender Geschwindigkeit auf den Absprungpunkt zu, dann schaltet das Gehirn auf höchste Lebensgefahr um – mit all seinen Folgen, wie Immobilisation, Wahrnehmungseinbußen etc.

Was dann passiert, hängt von den Ressourcen des einzelnen Sportlers ab. Geht ein Sportler/eine Sportlerin ausgeruht, mit viel Sicherheit und mit klaren Stressbewältigungsstrategien in einen Wettkampf, dann kann diese(r) in der Flugphase bis zu einem gewissen Grad eingreifen. Dieser Umstand lässt sich am besten erklären, indem man den alten Vagusanteil als Bremse begreift. Ist diese durch schlechte Vorbereitung schon am Start leicht angezogen, wird es zum Absprung hin zu einer »Vollbremsung« kommen. Sitzt der Athlet/die Athletin jedoch mit völlig gelöster Bremse am Balken, dann wirkt sich die Bremskraft nicht so stark aus, und man kann auf eingeübte und automatisierte Bewegungsmuster zugreifen.

Fehlt es insgesamt an Balance und kommen dann noch Probleme hinzu, die das körperliche oder mentale System zusätzlich aus dem Gleichgewicht bringen, dann kann es passieren, dass auch der beste Springer/die beste Springerin plötzlich nicht mehr an gewohnt gute Leistungen anschließt. Da reichen ein leichter Infekt oder eine kleine Verletzung, die Aufregung über die Fehlentscheidung der Jury oder teaminterne bzw. private Konflikte.

Der (Hoch-)Leistungssport ist überhaupt ein Bereich, in dem es darauf ankommt, gute Regulationsfähigkeiten zu besitzen. Schließlich wird oft lange trainiert, um am Tag X wirklich in Bestform zu sein – körperlich wie mental. Dasselbe gilt für Akteure im kulturellen Sektor: ein/eine MusikerIn übt ebenfalls regelmäßig und lange für seinen/ihren Auftritt. Aber um dann nicht aufgrund der eigenen Aufregung und des allgemeinen Erwartungsdrucks zitternd oder wie gelähmt vor dem Publikum zu stehen, braucht es ein Gefühl für die Rückkehr in den eigenen Toleranzbereich. Das heißt, bei der Regulation geht es nicht immer nur um Beruhigung von zu viel Erregung, sondern es kann auch sein, dass sich manche Menschen leicht aktivieren müssen, um sich aus ihrer Erstarrung (Untererregung) lösen zu können.

Nun sind Alex und ich beide im Leistungssport großgeworden – er als Skispringer, ich als Volleyballerin, doch während er seine Leidenschaft zum Beruf machen konnte, blieb meine Passion ein sehr intensives und zeitaufwendiges Hobby. Wir beide kennen den Übergang von der kindlichen Begeisterung für eine bestimmte Sportart zu einer gewissen Form von Leistungsdruck. Wer nicht nur spielt bzw. trainiert, sondern sich auch an Wettkämpfen beteiligt, der will sich beweisen, und er muss auch zeigen, was er kann, sonst ist man das nächste Mal nicht mehr im Kader.

Wer innerhalb eines Teams bestehen will, muss lernen, diesem Druck standzuhalten und manches in Kauf zu nehmen: körperliches Verausgaben, das zum Teil auch Schmerzen bedingt, und mentale Rückschläge, wenn man als nicht gut genug befunden wird. Das alles formt eine junge Persönlichkeit: Man lernt zu kämpfen, durchzuhalten, sich zu behaupten, sein Letztes zu geben. Was wir beide nicht unbedingt gelernt haben: dass Regeneration genauso wichtig ist wie das Training selbst. Dass es zwar darum geht, die persönlichen Grenzen auszuloten und zu erweitern, es aber genauso wichtig ist, sie einzuhalten und auf sie zu achten. Vor allem im Leistungs- wie im Spitzensport gilt nach wie vor: Nur der Erfolg zählt. Wer nicht gut genug ist, wird ersetzt. Dieses Credo verfolgte Alex auch als Trainer, und zwar manchmal beinhart.

Nun, eine Skisprungnationalmannschaft ist kein Sozialverein, und ich selbst habe mir als junge Frau in meinem Volleyballteam oft gewünscht, dass klar nach Leistung und nicht nach persönlichen Befindlichkeiten entschieden wird. Junge SportlerInnen wollen etwas leisten, wollen möglichst viel und oft trainieren, wollen beweisen, wie stark sie sind, wollen gewinnen – das macht später auch Spitzenathleten aus. Ich hätte als Teenager gerne auf das »lästige« Aufwärmen verzichtet und am liebsten gleich mit dem Volleyball-Spielen begonnen. Das Dehnen zum Abschluss eines jeden Trainings empfand ich als Zeitverschwendung: Da ich damals schon nicht besonders gelenkig war, sah ich keinen Fortschritt, außerdem war es mühsam und schmerzhaft.

Es verhielt sich in etwa so, wie wenn man jungen Menschen erklärt, dass man schwere Dinge ergonomisch richtig aus den Beinen anheben sollte. Wer vor Kraft und Energie strotzt, der beugt sich einfach hinunter und hebt das Gewicht mit Leichtigkeit hoch, ohne darauf zu achten, ob Muskeln oder Gelenke einseitig oder schlecht belastet werden. In jungen Jahren kann man auch die Nacht durchfeiern und sitzt dennoch am nächsten Tag in der Ausbildung oder in der Arbeit, als wäre nichts gewesen. Wer gesund ist, der kann als junger Mensch über die Stränge schlagen, und das ist auch gut so.

Das war allerdings auch der Grund, warum es für Alex so schwer war, seine Athleten von der Wichtigkeit effektiver Regeneration zu überzeugen. Sie waren jung und erfolgreich, fühlten sich am Zenit ihrer Leistungsfähigkeit. Skispringen ist zudem eine Sportart, bei der man sich körperlich gar nicht völlig auslaugen darf, um Schnell- und Sprungkraft nicht zu verlieren. Warum also Regeneration? Dass ein menschlicher Organismus nicht nur körperlich, sondern auch mental Erholung braucht, war für die ehrgeizigen Sportler (wie für die meisten Menschen) nicht fassbar. Am liebsten wären sie noch viel öfter von den Schanzen gesprungen oder hätten noch länger vor dem Computer oder in der Werkstatt an technischen und materiellen Details herumgetüftelt.

Ein gesunder junger Mensch hält viel aus, und gerade im Spitzensport lernt man, noch mehr auszuhalten – und körperliche Signale auszublenden. Schmerzen werden mit Hilfe von Medikamenten betäubt oder mittels akuter Physiotherapie möglichst schnell wieder eliminiert. Der sportliche Ehrgeiz geht oft auf Kosten eines Körperbewusstseins, bei dem gespürt wird, wann es zu viel ist. An seine Stelle tritt eine oft geradezu grandiose Körperbeherrschung. Doch seinen Körper (und damit auch seinen Geist) zu spüren oder zu beherrschen – das sind zwei gänzlich unterschiedliche Dinge.

Als mein Körper schon längst der jahrelangen Anstrengung durch unsere private Situation (schon vor Ninas Tod) Tribut zollte, versuchte ich noch immer, ihn zu beherrschen: durch Schmerzmittel, Nahrungsergänzung, spezielle Diäten, Krafttraining, Ausdauertraining etc. Doch weder mein Körper noch meine Seele ließen sich ruhigstellen. Muskelschmerzen, Kopfschmerzen, massive Verdauungsprobleme, Schlafstörungen, Konzentrationsstörungen, Tinnitus, Depressionen, Libidoverlust usw. waren die Folge.

Ich konnte bestens und ausführlich mit verschiedenen TherapeutInnen und ÄrztInnen über meine Zustände sprechen, nur wirklich wahrnehmen konnte ich sie nicht. Ich war immer noch dabei, sie zu verdrängen, so wie ich es mein Leben lang gewohnt gewesen war. Erst als das alles nicht (oder nur wenig) half und ich mich intensiv mit den Themen Trauma und Traumafolgen zu beschäftigen begann, wandte ich mich zum ersten Mal in meinem Leben wirklich mir und meinem Körper (abseits von sportlicher Fitness und Schönheitsidealen) zu.

Der erste Schritt war die Selbstbeobachtung. Es fiel mir auf, dass ich in Stresssituationen überhaupt nicht spürte, was in meinem Körper vor sich ging. Erst als mein System quasi kollabierte (also meist die Migräne kam), merkte ich, wie sehr ich mich angestrengt bzw. meine Grenzen schon längst überschritten hatte. Meine ersten Versuche, mich in solchen Stresssituationen zu beobachten, scheiterten kläglich – zu gefangen war ich in meinem aktuellen Tun bzw. meinen unbewussten Reaktionen.

Also probierte ich, im Alltag mehr auf meine innere An- bzw. Entspannung zu achten. Das funktionierte am besten, als ich beschloss, auf Ablenkung durch das Handy oder den Fernseher zu verzichten. Vermutlich kennt jede(r) die Situation, nur kurz auf das Smartphone schauen zu wollen, um Nachrichten zu checken, die News von heute zu lesen oder durch Videos und Fotos auf diversen Plattformen zu scrollen. Da übersieht man schon gerne einmal die Zeit: aus fünf Minuten werden 15, aus 15 werden 30, aus einer halben wird eine ganze Stunde.

Natürlich hat das Checken des Handys oft auch berufliche oder andere dringende Gründe, aber allzu oft wird es dazu verwendet, lästige oder unangenehme Situationen zu überbrücken. Und das gelingt ja auch sehr gut: Wer beim Arzt länger warten muss, der ärgert sich nicht über die verlorene Zeit oder langweilt sich nicht, wenn er sich inzwischen mit dem Handy ablenkt. Im Bus oder in der Straßenbahn kann man sich bestens von anderen (mitunter unangenehmen) Mitpassagieren abkoppeln, wenn man sich in sein Handy vertieft.

Wenn ich am Abend, müde und erschöpft vom Tag, meine Ruhe haben wollte, dann setzte ich mich vor den Fernseher und ließ mich berieseln. Das konnte ein spannender Film oder eine interessante Dokumentation genauso sein wie das ständige Hin- und Her-Zappen zwischen den Kanälen. Indem ich mich in den Bildschirm vertiefte, gönnte ich mir eine Auszeit von meinem beschwerlichen Alltag. Das tat für eine gewisse Zeit gut und war manchmal einfach notwendig, weil mir die Kraft für alles andere fehlte.

Sich im Alltag mittels Handy oder Fernsehen von den eigenen Sorgen abzulenken, ist wie eine kleine Flucht in fremde (Fantasie)welten, denen man sich voll hingeben kann, ohne sich irgendwie anstrengen zu müssen. Alles löst sich von alleine. Jeder Mensch braucht von Zeit zu Zeit eine Form der Ablenkung – niemand kann/sollte sich rund um die Uhr nur mit seinen Problemen und Verpflichtungen beschäftigen. Doch der Zeitvertreib vor dem Bildschirm hat einen gravierenden Nachteil: Er verhindert die Erholung. Ein Grund dafür ist das dominante blaue Licht des Bildschirms, das einen schlecht schlafen lässt. Blaues Tageslicht sorgt vormittags dafür, dass wir aufwachen und der Organismus aktiviert wird. Es ist auch für die Bildung des Glückshormons Serotonin unerlässlich, welches wiederum am Abend (wenn in der Natur kaum blaues Licht mehr vorhanden ist) ins Schlafhormon Melatonin umgewandelt wird.

Natürliches blaues Licht ist also für unseren Wach-Schlaf-Rhythmus unerlässlich, künstliches blaues Licht verhindert hingegen das Einschlafen, weil es uns auch spätabends immer noch aktiviert. Insgesamt überfordern die vielen Informationen, die beim Fernsehen auf uns einprasseln, durch ihre Geschwindigkeit und Intensität unsere Wahrnehmung, was zur Erstarrung führt. Wer einmal Kinder vor einem Bildschirm beobachtet hat (um zum Anfangsbeispiel zurückzukehren), der kennt die gebannte Lähmung, die sofort eintritt, wenn die Kleinen vom oft grellen und hektischen Geschehen gefesselt werden. Sie sind dann nicht mehr ansprechbar. Ein kleiner Bildschirm erfordert zudem einen extrem fokussierten Tunnelblick, was wiederum der Kampf-Flucht-Verschaltung entspricht und dem Gehirn Stress signalisiert. Kein Wunder also, dass vor allem Kleinkinder nach längerer Bildschirmzeit unruhig, unzufrieden, aggressiv und gleichzeitig erschöpft sind.

Dass das bei mir auch der Fall ist, verstand ich erst, als ich eine Zeit lang konsequent aufs abendliche Fernsehprogramm verzichtete und es vermied, vor dem Schlafengehen und nach dem Aufstehen aufs Handy zu schauen. Dies deshalb, weil ich zunehmend Probleme mit dem Schlaf bekam, nicht ein- oder durchschlafen konnte und morgens fast nicht aus dem Bett kam. Es trat auch recht schnell Besserung ein, da ich rasch reagiert und bis dahin auch kaum Probleme mit zu wenig Schlaf gehabt hatte (da war eher das Gegenteil der Fall gewesen).

Gleichzeitig realisierte ich aber auch, warum es mich so zum Fernseher und zu meinen Lieblingsserien hingezogen hatte. Spätestens am Abend (oft schon am späten Nachmittag) stellte sich nämlich ein ambivalentes, unangenehmes Gefühl ein: Es war eine Mischung aus Müdigkeit, innerer Unruhe und Überforderung, die sich da bemerkbar machte. Fernsehen oder Durch-das-Handy-Scrollen war die beste

Methode, von dieser Stimmung abzulenken. Ich wollte nicht spüren, dass es mir schlecht ging. Ich wollte nicht schon wieder darüber nachdenken müssen, was passiert war und immer noch passierte. Das Fernsehen wurde sogar eine Form der Belohnung für mich: Weil alles so anstrengend war, erlaubte ich mir sozusagen meine Bildschirmauszeit – zunehmend auch tagsüber, wenn ich erschöpft war.

Danach ging es mir zwar etwas besser, denn ich genoss es, mich durch seichte Serien in die Weiten Rosenheims oder Bichlbachs entführen zu lassen, doch gleichzeitig kostete mich dieses Verhalten auch viel Zeit. Und für meine Erholung bzw. meine mentale und körperliche Gesundheit brachte es rein gar nichts. Bitte mich nicht falsch zu verstehen: Ich bin kein absoluter Gegner von Fernsehen und Co., ich liebe nach wie vor meine Rosenheim-Cops (nachdem ich Mitglieder des Teams bei einer Uraufführung des Winterspecials in Bad Mitterndorf sogar persönlich kennenlernen durfte). Aber es ist mir klar, dass Vor-dem-Fernseher-Liegen keine Regeneration ist und dass ich die Länge der Zeit, die ich am Handy zur Zerstreuung verbringe, immer noch gern übersehe. Und ich spüre die Auswirkungen davon. Ich merke, dass ich mich körperlich anspanne, wenn ich, noch im Bett liegend, die ersten Nachrichten am Mobiltelefon lese. Ich spüre, dass sich meine Stimmung verändert, ich gestresster und ängstlicher in den Tag starte – nicht immer, aber vor allem dann, wenn es mir ohnehin nicht so gut geht.

Ich begann auch, mich bewusst in unangenehmen Situationen zu beobachten, in denen ich auf mich allein gestellt war, z. B. wenn ich auf einen Arzttermin warten musste. Niemand wartet gern. Fast jeder wird unruhig, wenn er das Gefühl hat, womöglich übergangen oder vergessen worden zu sein. Für mich war das die beste Gelegenheit, in mich hineinzuspüren. Wo begann es zu kribbeln, wo ließ sich Anspannung wahrnehmen, welche Gefühle tauchten auf? Wie lange gelang es mir, ruhig zu bleiben, und ab wann regte sich mein Organismus quasi auf? Hatte ich eine Möglichkeit, meine körperlichen und gefühlsmäßigen Reaktionen zu beeinflussen?

Der zweite Weg zur Selbstbeobachtung führte mich in die Natur. Seit wir einen Hund haben, gehe ich regelmäßig mit ihm kürzere und längere Runden – mit zugegebenermaßen wechselnder Begeisterung. Manchmal ist es einfach nur stressig, auch noch eine Gassirunde in den vollen Alltag zu quetschen. Doch grundsätzlich genieße ich unsere Ausflüge in den Wald, und auf einem dieser Waldspaziergänge begann ich auch, bewusst auf meine körperlichen Reaktionen und Gedanken zu achten. Kreisten meine Gedanken weiter um Probleme, oder ging ich unbedacht zu schnell, dann spürte ich die Anspannung, bemerkte, dass ich mich nicht aufrecht hielt, sondern wieder einmal meinen Schildkrötenpanzer umgelegt hatte. Ließ ich mich aber auf die Umgebung ein, benutzte bewusst alle meine Sinne – sah, hörte, fühlte, roch und schmeckte die Natur –, dann konnte ich loslassen und erreichte immer besser jenen Flow-Zustand, den ich anfangs beschrieben habe.

Dieses Wieder-Kennenlernen meiner körperlichen Reaktionen in Situationen, in denen ich mich rein auf mich selbst konzentrieren konnte, eröffnete schließlich auch die Möglichkeit, mich in Gesellschaft zu beobachten. Ich schaffte es, den anderen zugewandt zu sein, zuzuhören und gleichzeitig früh genug zu spüren, wann es für mich anstrengend wurde, und wie sich das bemerkbar machte. Es gab eine Zeit, da war ich so gestresst und ausgebrannt, dass mir allein von der Konzentration auf das, was mein Gegenüber sagte, schwindlig wurde. Es war für mich so anstrengend, störende Nebengeräusche auszublenden und das Gesagte zu verarbeiten, dass ich gar nicht merkte, wie erschöpft ich in Wirklichkeit war. Doch anstatt auf meine Situation aufmerksam zu machen, hielt ich beschämt durch, nahm einen Schluck von meinem Getränk, rutschte unruhig hin und her oder flüchtete, wenn es gar nicht mehr ging, auf die Toilette. Ich war nicht mehr in der Lage, irgendetwas an meinen körperlichen Reaktionen zu regulieren, da ich sie erst spürte, wenn es quasi zu spät war.

Nun aber war ich dabei, meinen Körper neu kennenzulernen und mich mit ihm anzufreunden. All das, was mir in meinem Leben widerfahren war – das zerrüttete Elternhaus, unsere Schicksalsschläge –, hatte ich jahrelang in vielen Therapiestunden analysiert, aufgearbeitet, verstanden; jetzt ging es darum, meinen Körper bei dieser Entwicklung mitzunehmen. Es hilft nichts, wenn wir uns ganz rational erklären können, dass eine bestimmte Situation »ungefährlich« oder unangenehm ist, während unser Körper gleichzeitig mit jeder Faser »Alarm« und »Angst« signalisiert. Nicht nur unser Verstand, sondern auch die älteren Anteile unseres Gehirns und unser Körper müssen »Frieden« finden.

Neben der Selbstbeobachtung hielt ich damals auch in Büchern und im Internet Ausschau nach geeigneten Methoden, die mich in meinen Bemühungen unterstützen konnten. Ich nahm Anleihen beim Somatic Experiencing, beim Yoga, bei verschiedenen Entspannungstechniken und beim Neuronalen Zittern (TRE). Ich muss zugeben, dass ich mir oft blöd vorkam, wenn ich verschiedene Methoden ausprobierte. Mit einem starken Wasserstrahl jeden Teil des Körpers einzeln abzuduschen und zu benennen, fühlte sich eigenartig an. Sich bewusst – und nicht unachtsam und schnell – nach dem Duschen einzucremen, funktionierte besser, auch wenn es oft schwerfiel, mir dafür die Zeit zu nehmen, weil die nächste Verpflichtung schließlich schon wartete.

Das Neuronale Zittern nach einem Anleitungsvideo aus dem Internet auszuprobieren, verlief, so gesehen, noch peinlicher. Dabei lag ich mit angewinkelten Beinen auf dem Rücken, erzeugte durch das Anheben des Beckens für eine Zeit lang Spannung, um sie dann durch unkontrolliertes Zittern gemeinsam mit anderen, unbewusst vorhandenen Spannungen abzubauen. Das fühlt sich eigenartig an und sieht sehr befremdlich aus – aber es gelang mir tatsächlich, meine innere Unruhe abzubauen (ohne mich näher in die Methode zu vertiefen). Ich nutzte dabei vor allem jene Zeit, die ich früher vor einem Bildschirm verbracht hatte. Ich musste etwas tun, denn die Gefühle, die ohne Ablenkung auftauchten, wären sonst kaum zu ertragen gewesen. Die Beschäftigung mit dem Körper ließ diese Empfindungen nicht vollkommen verschwinden, aber sie verringerte deren Vehemenz. Die Gefühle kamen und gingen in Wellen – nicht sofort, aber immer öfter (dazu später mehr).

Sich mit dem eigenen Körper anzufreunden, mit ihm nachsichtig zu sein, wenn er nach langen Stressphasen oder traumatischen Ereignissen erschöpft ist, bildet in meinen Augen die Grundvoraussetzung dafür, dass man sich überhaupt wieder erholen kann. Ich tue mich nach wie vor schwer damit, meine engen körperlichen Grenzen zu akzeptieren oder mich selbst auch mit ein paar Kilo mehr »schön« zu finden, aber je mehr ich mich mit meinem Körper versöhne, desto besser kann ich auch für ihn sorgen: mit regelmäßigem Schlaf, gesundem und regelmäßigem Essen, ausreichend moderater Bewegung, geistiger Anregung, genügend Erholung und auch zärtlicher Berührung. Die Erfüllung dieser basalen Bedürfnisse vermittelt dem Gehirn schon einmal so viel Sicherheit, dass es überhaupt möglich wird, einen Zustand besserer Balance anzustreben.

Im Grunde ging und geht es bis heute noch darum, für mich selbst eine gute Mutter zu sein, mich zu »beeltern«, als wäre ich mein eigenes Kind. Im Englischen gibt es dafür den Begriff des »Reparenting«, der um einiges eleganter klingt. Erwachsene holen dabei an sich selbst nach, was ihnen als

Kind verwehrt blieb, egal ob körperlicher oder emotionaler Natur: Anerkennung, Wertschätzung, Berührung, Kreativität, Nähe, weinen dürfen, Anteilnahme, Verständnis, basale Versorgung usw. Seine eigenen Bedürfnisse erkennen und wahrnehmen heißt, sich selbst an- und ernst nehmen. Sich neben den täglichen Verpflichtungen Zeit nehmen für Hobbys, Interessen, zwischenmenschliche Kontakte, und vor allem für die mentale und körperliche Gesundheit bedeutet, sich als individuelle Persönlichkeit wertschätzen – etwas wert sein.

Neben dem »Beeltern« war es für mich auch entscheidend zu lernen, wie ich die große Anspannung in meinem Körper abbauen und nachhaltig vermindern konnte. Ich bin mir sicher, dass mir dabei die ganz klassische Physiotherapie und meine Konsequenz beim Dehnen wesentlich geholfen haben. Denn erst als mein Körper von seiner Starre, diesem Schildkrötenpanzer, befreit war, konnte ich wieder feine Nuancen von Anspannung und Entspannung spüren. Positiv ausgewirkt hat sich auch eine zusätzliche Hypnosetherapie (wird zumeist im Rahmen einer Psychotherapie angeboten), dank derer auch innere, unbewusste Spannungen gelöst werden können, ohne dass man sich mit den traumatischen Erlebnissen direkt beschäftigen muss.

Das Dehnen wurde zu meinem täglichen Ritual, denn die Abfolge der Übungen und der Umstand, dass ich die Sekunden dabei in Gedanken zählte, sorgten für eine Beruhigung – sowohl mental als auch körperlich. Genauso praktizierte ich Sinnes- und Wahrnehmungsübungen, die in der Psychotherapie auch im Notfall (z. B. bei einer Panikattacke) angewandt werden. Da geht es darum, sich mit allen fünf Sinnen auf die Umgebung zu konzentrieren: fünf Dinge, die ich sehe, vier Geräusche, die ich höre, drei Eindrücke, die ich spüre, zwei Düfte, die ich rieche, ein Geschmack, den ich im Mund habe. Das – beliebig oft wiederholt – bringt meinen

Körper und meine Gedanken zur Ruhe, erdet mich im Hier und Jetzt und lässt mich gerade in der Natur Kraft tanken. Außerdem atme ich nach einem bestimmten Rhythmus, wobei ich beim Einatmen bis fünf zähle, dann den Atem anhalte und bis sieben zähle, und schließlich lange ausatme und dabei bis acht zähle.

Mit der letzten Übung schließt sich an dieser Stelle auch der Kreis zum an anderer Stelle beschriebenen autonomen Nervensystem, denn durch die Atmung kann ich die Funktion des Vagusnervs positiv beeinflussen. Alex hatte dieses Phänomen schon damals seinen Athleten mittels Biofeedback begreifbar gemacht. Die Sportler wurden dabei verkabelt und ihr Herzschlag während der Vorbereitung zum Sprung, beim Sprung selbst und auch nach der Landung gemessen und aufgezeichnet. Veränderungen in der Herzfrequenz und damit im Stressempfinden wurden dabei klar ersichtlich. Genauso wurde den Athleten aber auch sichtbar gemacht, dass sie, wenn sie nach einem vorgegebenen Rhythmus atmeten, ihren Herzschlag bewusst beeinflussen und verändern konnten. Es war ein entscheidender Baustein zum Erfolg, dass Thomas Diethart, der als absoluter Newcomer die Vierschanzentournee gewann, am Absprungbalken wusste, dass er mit seiner Atmung die Nervosität in Schach halten konnte.

Bei fast jedem Menschen kann man über die Messung der Herzfrequenz ermitteln, wie anpassungsfähig sein Organismus ist. Das Herz eines Menschen schlägt nämlich nicht exakt gleichmäßig, zwischen den einzelnen Schlägen liegen minimal unterschiedliche Zeitabstände – dadurch kann das Herz blitzschnell auf Erregung bzw. Beruhigung reagieren. Beim Einatmen lassen sich zudem wesentlich mehr Herzschläge verzeichnen als beim Ausatmen, da beim Einatmen der moderne Vagusnerv als Bremssystem loslässt und beim Ausatmen wieder anzieht. Langes Ausatmen unterstützt daher den modernen Vagusnerv bei seiner Tätigkeit. Wird dabei noch gesungen oder gesummt, dann wird der Entspannungsnerv zusätzlich über seine Fasern im Kehlkopf auf positive Art und Weise erreicht. Nicht umsonst ahmen wir meditierende Menschen nicht nur in ihrer Pose, sondern auch in ihrem tief gesummten »Ohm« nach.

Doch nicht nur in den Traditionen und Ritualen aller Kulturen findet man Hinweise auf eine vagusregulierende Wirkung durch Singen, Summen, Tanzen, Meditieren und Gehen, sondern auch wenn man sich an die eigene Kindheit erinnert. Wenn es bei uns zu Hause wieder einmal Streit und Spannungen gab, dann flüchtete ich in den nahe gelegenen Wald: meist ganz alleine, später dann mit unserem Familienhund. Dort konnte ich abschalten und mich fast meditativ in das Suchen von unbekannten Wegen und »Geheimplätzen« vertiefen.

Es dauerte lange, bis ich zu dieser mir ureigenen Regulationsweise zurückfand und begriff, dass sie mir viel Kraft geben konnte. Denn früher fiel es mir extrem schwer, mich aufzuraffen und alleine loszuziehen, wenn es mir schlecht ging. Ich war oft wütend auf Alex, weil er nicht mit mir spazieren gehen wollte, obwohl ich wusste, dass er damit überhaupt nichts anfangen konnte, ja dass ihm dieses ruhige Gehen zuwider war. Ich wünschte mir von ihm, dass er mir half, mich selbst zu regulieren, dabei konnte Alex es ja selbst nicht – zumindest nicht auf diese Art und Weise. Ich suchte mir daher andere PartnerInnen zum Spazierengehen, ertappte mich aber stets dabei, dass ich mich völlig den anderen anpasste, was wiederum meine eigene Regulation verhinderte.

Es ist wichtig, dass Selbstregulation gelingt, doch nicht alles müssen wir alleine durchstehen. Wir sind soziale Wesen und von der Wertschätzung und Unterstützung anderer abhängig. Wir brauchen den Austausch mit anderen, Verständnis, Anerkennung und Geborgenheit. Das Bedürfnis nach

Co-Regulation, also nach jemandem, der einem zuhört, wenn man Sorgen hat, der einen tröstet, wenn man traurig ist, der einen motiviert, wenn man niedergeschlagen ist, der einen in den Arm nimmt, wenn man sich fürchtet, ist zutiefst menschlich. Nicht immer gelingt dies in der Familie, in der Partnerschaft oder unter FreundInnen, oft noch weniger im Berufsleben. Es ist daher sinnvoll, sich auch hier wie in anderen Bereichen des Lebens professionelle Unterstützung zu holen. Denn wer mit Hilfe eines anderen lernt, sich selbst zu regulieren, der kann nicht nur sich selbst, sondern auch anderen besser helfen.

Wer sein persönlich gewachsenes Toleranzfenster pflegt, offen hält und es versteht, stets dahin zurückzukehren, der findet auch das kindlichen Flow-Gefühl wieder, von dem anfangs die Rede war. Singen, tanzen, spielen, kreativ sein, in Bewegung sein, verrückt sein, faul sein, den Müßiggang spüren – voller Freude und Leichtigkeit, ohne Scham und Leistungsgedanken –, all das sind natürliche Regulationsweisen, die Kindern wie von selbst zu eigen sind. Kinder weinen normalerweise auch, wenn ihnen danach ist (außer sie werden davon abgehalten). Und mit jeder Träne bauen sie das Stresshormon Cortisol ab und finden zur Entspannung zurück. Wir Erwachsene haben das alles nur zu oft verlernt.

3.4 Sicher durch Krisen führen

Wir haben in unseren früheren Büchern und zu anderen Anlässen schon öfter erwähnt, dass Alex zwar ein sehr erfolgreicher Trainer, aber kein besonders erfolgreicher Skispringer war. Auch heute fügt er meistens schelmisch hinzu, dass er sich selbst nicht gern gecoacht hätte: zu unreif, zu wenig konsequent, nicht bereit, die eigene Komfortzone zu verlassen. Mit all unserem Wissen stellt sich heute aber auch die Frage, ob er überhaupt gerne sein eigener Schützling gewesen wäre? Vom Erfolg her sicherlich, denn er besaß als Trainer wie kein Zweiter die Fähigkeit, einen bestens ausgebildeten Athleten an die Spitze zu führen. Diesen letzten Schritt, diesen wichtigen Abschnitt in der Entwicklung eines Sportlers, der über Erfolg oder Misserfolg entscheidet, wusste Alex perfekt zu setzen und zu vollenden.

Aber hätte Alex vom Cheftrainer Pointner das bekommen, was er persönlich als Athlet für den Erfolg gebraucht hätte? Vermutlich nicht, denn der junge Alex wäre aufgrund seiner bescheidenen Erfolge als Sportler nicht in der ersten Trainingsgruppe gewesen. Von dort aus blieb der Cheftrainer Alex für die meisten jungen Sportler unerreichbar, außer man machte mit außergewöhnlichen Leistungen auf sich aufmerksam. Alex sah sich im Teamgefüge als letzte Instanz, die schlussendlich die wichtigen Entscheidungen traf und für diese nach außen hin die Verantwortung übernahm. Persönlich blieb er unerreichbar, denn es zählte nur der Weg zum Erfolg. Das Behandeln zwischenmenschlicher Probleme delegierte er an Co-Trainer, Physiotherapeuten oder Nachwuchsbetreuer. Während er in der Öffentlichkeit fast als Vaterfigur für seine Springer gesehen wurde, fürchteten sich junge Athleten oft vor ihm. Schließlich war er derjenige, der darüber entschied, wer eine Chance bekam und wer nicht. Und die Maßstäbe, die er bei seinen Athleten anlegte, waren hoch. Vielleicht, weil er selbst in seinen Augen als Sportler so inkonsequent und zu wenig zielorientiert gewesen war.

Alex pflegte einen Führungsstil, der autoritär angehaucht war, gleichzeitig wollte er den Spitzenathleten aber alles recht machen. Wer Erfolg garantierte, bekam eine Sonderstellung, für den Erfolg war fast jede Ausnahme recht. Gerade in den letzten Jahren seiner Zeit als Cheftrainer versuchte er einen fast unmöglichen Spagat zwischen Teamgeist und individueller Förderung.

Eines ist klar: Im Spitzensport zählt nur der Erfolg, noch dazu in einer so siegesverwöhnten Sparte wie dem Skispringen. Alex hatte schon als Nachwuchstrainer begonnen, effektive Trainings- und Wettkampfsysteme aufzubauen – mit neuen Trainingsgeräten, innovativen Übungsreihen und dem erstmaligen Einsatz digitaler Medien (sowohl für die bildliche Erfassung von Technikdetails als auch zur kompakten Informationsübergabe). Das Betreuerteam wuchs stetig, Alex holte Spezialisten, wie Aerodynamiker oder Regenerationsexperten, ins gemeinsame Boot.

Sein Führungsstil aber blieb ambivalent, er pendelte zwischen der Rolle des unnahbaren, knallharten Entscheiders und jener des auf Harmonie bedachten Möchtegern-Kumpels hin und her. Konflikte offen auszutragen, war seine Sache nicht. Mit dem Erfolg wurde jedoch die Zahl jener, die ebenfalls am großen Kuchen mitnaschen wollten, größer, und dies ließ die Bruchlinien zwischen den einzelnen Topathleten (und ihren jeweiligen Managern) wachsen. Auch zwischen dem Nationalteam und den Nachwuchsmannschaften begann es zu kriseln, da Ersteres aufgrund von Alex' Führungsverhalten unerreichbar schien. Konflikte wurden bald unvermeidbar.

Um aber Konflikte konstruktiv und befriedigend austragen und lösen zu können, braucht es eine gute Basis auf der Beziehungsebene. Das gilt für ein Team von Spitzensportlern genauso wie für eine große Firma oder eine einzelne Unternehmensabteilung – und das gilt natürlich auch im Privaten. Auf Alex war in puncto Organisationsfähigkeit und Verantwortungsbewusstsein zwar absoluter Verlass, emotional wusste man aber oft nicht, woran man bei ihm war. Wir Menschen können noch so erwachsen und noch so erfolgreich sein, im Endeffekt geht es doch darum, »gesehen« und verstanden zu werden.

Bin ich ihm noch wichtig, wenn ich weniger Erfolg habe? Schaut er auch auf mich, wenn ich Probleme habe oder verletzt bin? Diese Sicherheit konnte Alex auch seinen Topathleten nicht zu 100 Prozent geben, obwohl er alle Hebel in Bewegung setzte, um sie zurück an die Spitze zu bringen. Natürlich kann ein Cheftrainer nicht alle Aufgaben selbst übernehmen, dazu müsste er sich zigfach klonen. Alex hatte ein äußerst tragfähiges Netzwerk aufgebaut, in dem jeder Spitzenspringer seinen eigenen, individuellen Betreuer hatte und dennoch vom großen Ganzen getragen wurde. Doch es gelang ihm zum Schluss nicht mehr, diese Tragfähigkeit zu vermitteln, da er es vermied, sich in schwierigen alltäglichen Situationen emotional einzubringen. Hatte man Probleme, fühlte man sich von Alex »wegorganisiert«, er selbst fühlte sich unnötig aufgehalten.

Eine große Rolle spielte dabei seine Vorstellung, wie man als »Chef« zu führen hätte: klar und unnahbar, rational und nach objektiven Leistungskriterien, um nur ja nicht in Frage gestellt zu werden. Emotionen kamen höchstens als »Erfolgsinstinkt« zur Geltung. Das höchste Credo: Der Erfolg gibt mir recht. Doch Erfolg kann nur für eine trügerische Sicherheit sorgen. Je größer der Erfolg, desto höher die Chance, dass schon ein kleiner Misserfolg das ganze System ins Wanken bringt, denn der Erwartungsdruck steigt mit der Zahl der Siege.

Wer seine innere Sicherheit nur auf Erfolg aufbaut, dem

bleibt im Zuge einer Krise nichts mehr, an dem er sich festhalten kann. Dabei hätte es gerade in Bezug auf die »Superadler« ganz viele Stützen gegeben, die allen zugutekamen: ein stabiles Netzwerk an Betreuern und Spezialisten, großzügige und treue Sponsoren, eine innovative Materialentwicklungsabteilung, begeisterungsfähigen Nachwuchs und die entsprechenden Ausbildungsstätten usw.

Und doch entzündeten sich alle Konflikte schlussendlich an Alex als Reizfigur. Er wollte Sicherheit ausstrahlen, konnte sie aber nicht genug vermitteln. Deutlich wurde dies speziell bei kritischen Fragen von JournalistInnen, die Alex als unberechtigt empfand. Auch wenn er Vorwürfe vermeintlich souverän abschmetterte, war ihm der innerliche Stress deutlich anzusehen: an seiner verkrampft dominanten Haltung, seinem Gesichtsausdruck, seiner gepressten Stimme. Alex musste lernen, dass man Konflikte nicht vermied, indem man ihnen aus dem Weg ging. Doch da der Erfolg das Einzige gewesen war, was ihm Sicherheit gegeben hatte, verlor er in den letzten konfliktträchtigen Jahren zunehmend selbst den Halt (vor allem nach dem Wegfall von Toni Innauer als Rückendeckung).

Wir haben in den letzten beiden Büchern schon viel über seine Zeit als Cheftrainer der österreichischen Skispringer geschrieben, und es geht an dieser Stelle nicht darum, alte Geschichten »aufzuwärmen«. Alex war durch die eigene depressive Erkrankung, durch die unserer Kinder und natürlich durch Ninas Tod gezwungen, sich mit seinen Emotionen und Verhaltensmustern auseinanderzusetzen. Manches würde er als Trainer heute anders machen – vor allem im zwischenmenschlichen Bereich – in vielen Bereichen sieht er sich noch heute berechtigterweise als einer der Besten. Das Skispringen, der Sport lässt ihn nicht los. Das ist auch der Grund, warum er das Weltcupgeschehen im Fernsehen und in diversen Printmedien weiterhin – oft scharfzüngig – kommentiert.

Doch nicht nur die Beschäftigung mit dem eigenen Schicksal bewirkte, dass er sich mit seinen emotionalen (Führungs-)Kompetenzen auseinandersetzte, sondern auch seine Tätigkeit als Vortragender und Neurocoach (eine Methode, die sich unter anderem mit effektiver Regeneration befasst). Vor allem seine Vorträge bei großen und kleinen Unternehmen und anderen Institutionen gaben ihm Gelegenheit, die unterschiedlichsten Arbeitsstrukturen zu beobachten. Im Einzelnen waren diese Einblicke zwar oft oberflächlich, da sie nicht einen längeren Zeitraum umfassten, aber in der Summe ergaben sich daraus Schlussfolgerungen, die seine eigenen Erfahrungen als Führungsperson perfekt ergänzten. Überall stieß er auf ähnliche Probleme: Abteilungen, die an und für sich zusammenarbeiten sollten, bekämpften sich und gefährdeten dadurch den Erfolg des Unternehmens. MitarbeiterInnen waren aufgrund von Umstrukturierungen verunsichert, und Vorgesetzten gelang es nicht, diese Irritationen zu beseitigen. Der/die einzelne MitarbeiterIn oder auch ManagerIn der unteren Eben fühlte sich nicht wahrgenommen bzw. wertgeschätzt, weil nur der kurzfristig messbare Erfolg zählte.

Diese Liste ließe sich noch fortsetzen, doch im Grunde geht es in den meisten Fällen darum, dass Menschen Unsicherheit sehr schwer ertragen können. Das zeigt sich ja auch ganz deutlich in der Corona-Krise. Das ständige Verharren in einer ängstlichen oder kampfbereiten Alarmposition kostet den menschlichen Organismus nicht nur viel Kraft, auch der Zugriff auf die kognitiven Fähigkeiten wird eingeschränkt. Der Fokus liegt, solange der Körper höchst erregt ist, auf Kampf, Flucht oder ungesunder Überanpassung. Beschwichtigend auf jemanden einzureden hilft in so einem Zustand sehr wenig. Nur wenn ich selbst Sicherheit verkörpere, und das im wahrsten Sinne des Wortes in Form von gut regulierter Beruhigung, werde ich erreichen, dass mein Gegenüber ebenfalls wieder »zu sich« kommen, also innerhalb seines Toleranzfensters agieren und die Situation überdenken kann.

Unter sicherer, regulationsdynamischer Führung verstehen wir, dass man in einer Krisensituation nicht nur Anpassungsfähigkeit verlangt, sondern sie sowohl vorlebt als auch bei seinem Gegenüber aktiv durch Co-Regulation unterstützt. In diesem Zusammenhang geht es auch darum, deutlich zu machen, dass der Umgang mit Emotionen Auswirkungen auf die körperliche Energiebilanz und damit die Leistungsfähigkeit jedes Einzelnen hat. Es geht nicht darum, sich von Gefühlen »leiten« zu lassen, indem sie sofort und ohne nachzudenken zum Ausdruck gebracht werden. Es geht uns um das ausgewogene Miteinander von Gefühl und Verstand, bei sich und anderen.

Die Grundlage erfolgreicher Co-Regulation bildet die Fähigkeit zur Selbstregulation, was wiederum das Bewusstsein für den Umgang mit den eigenen Emotionen voraussetzt, worauf wir im nächsten Abschnitt ganz ausführlich eingehen werden. Niemand trifft Entscheidungen emotionslos, auch der härteste Manager nicht, der allen Klischees seines Standes entspricht. Hinter seiner ausdruckslosen Maske verstecken sich emotional verankerte Wünsche, etwa nach Macht, Stärke oder Unabhängigkeit.

Mit sicherem, regulationsdynamischem Führen meinen wir nicht manipulatives Tun, so wie im Supermarkt Waren nach psychologischen Gesichtspunkten angeordnet sind, um die Kunden zum Kauf zu animieren. Es geht auch nicht darum, alle Schwierigkeiten aus dem Weg zu räumen, um wie Helikoptereltern seinen Kindern jedes schlechte Gefühl zu ersparen. Es geht vielmehr um das verantwortungsvolle Bewusstsein, dass meine Emotionen und mein Umgang mit ihnen Auswirkungen auf andere haben. Wenn ich jemand anderen führen/begleiten/unterstützen will, muss ich zuerst auf mich schauen: Wie steht es um meine Fähigkeit der Selbstregulation?

In diesem Zusammenhang verlangen wir keinen »Seelenstriptease«. Niemand soll sich davor fürchten müssen, vor anderen bloßgestellt zu werden. Führen verstehen wir in diesem Zusammenhang als »Vorausgehen«, eine Vorbildfunktion einnehmen. Nimmt eine Führungsperson die eigene mentale Gesundheit ernst und steht auch offen dazu, was er für sie tut, dann wird dies auch für andere innerhalb des Unternehmens greifbar und selbstverständlich. Gibt es innerhalb eines Unternehmens, z. B. im Rahmen der Angebote für die Firmengesundheit, spezifische Programme für die Stärkung der Psyche, und werden diese ganz selbstverständlich beworben und für wichtig befunden, dann wagen es mehr MitarbeiterInnen, sie auch anzunehmen. Auch die Außenwirkung solcher Maßnahmen sind nicht zu unterschätzen: Glänzen mehrere Unternehmen mit ihren Vorsorgeprogrammen für die psychische Gesundheit, dann fühlen sich weitere Firmen und Institutionen darin bestärkt, selbst solche Angebote einzuführen. Im Austausch zwischen den Unternehmen kann so ein großer und kreativer Pool an Ideen und Unterstützungsprogrammen entstehen, der für jenen Stellenwert der psychischen Gesundheit sorgt, die sie innerhalb der Gesellschaft benötigen würde.

Eine gute Vorstellung davon, wie dies funktionieren kann, hat Alex in einem renommierten österreichischen Unternehmen gewonnen, das durch die Corona-Pandemie und die daraus resultierenden Lockdowns besonders hart getroffen wurde. Viele Branchen mussten ja komplett schließen, die staatlichen Förderungen deckten zwar vieles, aber nicht alle Kosten ab. Viele MitarbeiterInnen mussten entlassen werden und verloren ihr Einkommen. Oben erwähntes Unternehmen ging vom ersten Lockdown an einen ganz besonderen Weg. Als die Tore für Gäste und KonsumentInnen endgültig geschlossen waren, holte die Besitzerfamilie alle Angestellten zusammen und besprach mit ihnen gemeinsam die neue Lage. Das Hauptaugenmerk lag darauf, die MitarbeiterInnen trotz der angespannten Lage zu halten. Rücklagen waren zwar vorhanden, aber zu Beginn der Corona-Krise konnte niemand wissen, wohin das Ganze führen würde.

Es wurden kreative Arbeitsgruppen gebildet, in denen nicht nur überlegt wurde, wie diese Situation zu meistern war, sondern auch welche Chancen sie bot, um eingefahrene Strukturen zu überdenken und zu verändern. Allen, sowohl den MitarbeiterInnen als auch der Chefetage, wurde die Möglichkeit gegeben, diese Krise aktiv und gemeinsam zu bewältigen. Und dennoch: Als das Unternehmen wieder aufsperrte und es an die Umsetzung der kreativen Konzepte ging, kam das so zusammengeschweißte Gefüge ins Stottern. Die einen wollten endlich mit Vollgas loslegen, andere kamen gar nicht richtig in Schwung. Es tauchte der Eindruck auf, manche MitarbeiterInnen hätten sich zu Hause ein angenehmes Leben gemacht und möchten sich jetzt lieber nicht mehr anstrengen.

Zu dieser Thematik gab es auch aus der Politik Aussagen wie: »Manche Menschen hätten das Arbeiten verlernt«, weil sie sich so an das »gemütliche« Homeoffice gewöhnt hätten. Doch Homeoffice bedeutete für die meisten Menschen keine Entspannung, sondern im Gegenteil: großen, bisher kaum gekannten Stress. Sich auf seine Arbeit zu konzentrieren und gleichzeitig seine Kinder zu betreuen, ist extrem anstrengend, genauso wie langwierige Meetings und Konferenzen am Bildschirm – um nur zwei Beispiele von vielen zu nennen.

Neuartige Herausforderungen bedeuten Stress für unseren Organismus, auch wenn er grundsätzlich mit seinen Stressverarbeitungssystemen bestens dafür gerüstet ist. Doch je höher der Stresspegel einer Person schon vor dem Beginn der Covid-Krise war, desto mehr wurde sein Organismus durch die Pandemie gefordert und oft auch überfordert. Zudem herrscht nun seit fast zwei Jahren ein Klima der Angst, das sowohl von der Politik als auch von diversen Verschwörungsideologien noch zusätzlich befeuert wurde und wird, und es machte sich immer stärker Unsicherheit breit, wem man noch glauben sollte und wem nicht.

Angst ist für die meisten Menschen nur schwer erträglich und oft ein übermächtiges Gefühl. Deshalb versuchen wir auch, sie zu unterdrücken oder uns davon abzulenken. Doch je länger eine Krise dauert und je länger Gefühle verdrängt werden, desto größer wird der Stress für den ganzen Organismus. Das Verdrängen von Emotionen löst in Gehirn und Körper eine Alarmreaktion aus. Langfristig führt dies wie jeder chronische Stress zur Übererregung und schließlich zur totalen Erschöpfung. Dies ist auch der Grund, warum es vielen Menschen jetzt nach zwei Jahren so schwerfällt, solidarisch zu sein: Sie sind von ihrer Angst erschöpft.

Ein Chef oder eine Chefin, so verständnisvoll er oder sie auch sein mögen, kann zwar die finanziellen Sorgen abfedern, indem er/sie alle in die Krisenbewältigung mit einbezieht, wie es das oben genannte Unternehmen getan hat, aber die Angst davor, einen geliebten Menschen zu verlieren oder selbst schwer zu erkranken, kann den MitarbeiterInnen dadurch nicht genommen werden.

Doch egal, woher die emotionale und körperliche Erschöpfung rührt, es ist dringend notwendig, sich sowohl in der Arbeitswelt als auch in Bildung und Schule darauf einzustellen. Kleinreden, zusätzlicher Druck oder einfaches Wegschauen sind dabei sicher keine probaten Mittel. Neu durchzustarten, als wäre nie etwas gewesen, ist nicht möglich. Zumal sich viele in der Berufs- wie in der Bildungswelt schon vor der Krise nahe an der Grenze zur Erschöpfung bewegt haben. Es ist wichtig, schon während einer Krise effektive Regeneration ganz oben auf die Prioritätenliste zu setzen, um die körperliche und mentale Erschöpfung der MitarbeiterInnen aufzufangen. Wem das gelingt, der hat ein Team, das, wenn es darauf ankommt, voll einsatzfähig ist. Ein Team, das zwar sein Möglichstes gibt, im Eifer des Neuanfangs aber die eigenen (Leistungs-)grenzen nicht ignoriert, und damit nachhaltig leistungsfähig bleibt. Denn nur wer ausgeruht und erholt ist, kann Bestleistungen erbringen. Wer ohne Rücksicht auf Verluste nach einer Krise voranprescht, um alles Versäumte möglichst schnell wieder aufzuholen, wird auf halber Strecke erschöpft liegen bleiben. Oder ohne einsatzfähige MitarbeiterInnen dastehen, wie eine Lokomotive, die aus dem Bahnhof mit Volldampf abgefahren ist, ohne die Waggons mitzunehmen.

Alex' Verhalten zur Zeit der »Superadler« war ein ständiger Grenzgang, was die persönliche Kraftanstrengung betraf. Wer im Team nicht alles bis zur absoluten Leistungsgrenze gab, der galt als nicht zielstrebig genug, als zu wenig erfolgsorientiert. Das betraf Sportler genauso wie Betreuer: Schon im Vorfeld einer Großveranstaltung wurden alle möglichen Stolpersteine und Krisenherde antizipiert, um sie möglichst frühzeitig und schnell aus dem Weg zu räumen. Vielleicht lag es daran, dass gerade Skispringen eine Sportart der Unwägbarkeiten ist: Man ist abhängig von Wind und Wetter, von Auf- oder Rückenwind, von Jury-Entscheidungen und Materialentwicklungen. Da schafft man sich organisatorisch eine vermeintliche Sicherheit. Aber wie oft musste Alex es erleben, dass er von sportlichen Krisen überrascht wurde, die quasi aus dem Nichts kamen: Sei es die viel zitierte gebogene Koppelstange an Simon Ammans Bindung, die 2010 alle Goldträume bei den Olympischen Spielen in Vancouver platzen ließ, oder der Wettkampfabbruch nach dem ersten Durchgang bei der WM in Liberec, der einer dominierenden österreichischen Mannschaft jede Medaillenchance raubte.

Alex kämpfte mit jeder Faser seines Körpers – wild gestikulierend und schimpfend im TV – gegen diese Krisen an. Und doch musste er sich sportlich geschlagen geben. Meist wurde noch lange heiß diskutiert und Kraft verschwendet, um gegen etwas anzukämpfen, was längst nicht mehr zu ändern war.

Alex hat eine sehr konkrete Vorstellung davon, was er als Trainer heute anders machen würde. Wirksame Erfolgsrezepte, wie etwa die genaue Trainingsdokumentation, die dafür sorgt, dass an konkreten Technikaspekten fortlaufend gearbeitet wird und »alte« Fehler nicht ständig wiederholt werden, würde er genauso einsetzen wie früher. Dazu gehört auch die unterschiedliche Herangehensweise an Trainings- und Wettkampfsituationen: Während im Training getüftelt und in Details geübt wird, steht im Wettkampf der Mut zur Unvollkommenheit und das absolute Vertrauen in die eigenen Fähigkeiten im Vordergrund.

Genau bei dieser Art des Wettkampf-Coachings fühlte sich Alex absolut sicher in dem, was er tat. In diesen entscheidenden Momenten gab es nicht den geringsten Zweifel an den eigenen Qualitäten oder jenen der Athleten. Alex verspürte sogar eine Art von Erleichterung, wenn es endlich in den Wettkampf ging. Dann fiel der Druck ab, alles perfekt vorbereiten und sich auf alle Eventualitäten einstellen zu müssen, und es zählte nur mehr das Hier und Jetzt. Es ging um den Erfolg bei diesem einen, aktuellen Wettbewerb, und alle Querelen, alle zwischenmenschlichen oder sonstigen Probleme wanderten in den Hintergrund.

Als Führungsperson würde Alex heute insofern anders auftreten, als dass er diese Sicherheit, die ihn in Wettkampfsituationen auszeichnete, auch auf alle anderen Bereiche übertragen würde. Er würde sich unberechtigter Kritik von außen, die sich an einer unerfüllbaren Leistungsmaxime orientiert (für die Superadler war ein Top-Ten-Platz viel zu wenig), entschiedener entgegenstellen. Er würde sich mit den »Alltagsproblemen« seiner Athleten befassen, auch wenn die Beschäftigung mit denselben nicht unmittelbar zum sportlichen Erfolg beiträgt. Bei allem Verständnis würde dies aber auch in manchen Fällen bedeuten, klare Grenzen setzen zu müssen: Nicht jede Schwierigkeit kann sofort behoben werden, und nicht jedes Problem verdient unendlich viel Zeit und Aufmerksamkeit. Manche Dinge lassen sich nicht verändern, sie können nur akzeptiert werden – dafür braucht es aber eine Führungsperson, die mit innerer Sicherheit und Klarheit vorangeht. Sicher kann auf Dauer allerdings nur jemand sein, der etwas für seine eigene Leistungsfähigkeit und Anpassungsfähigkeit tut, also gut regeneriert ist. Es würde Alex ungemein reizen, seine Führungsqualitäten in dieser Hinsicht irgendwann einmal wieder beim Skispringen unter Beweis stellen zu dürfen. Denn all seine Erfolgsrezepte würden sich unter diesen Voraussetzungen noch besser und nachhaltiger umsetzen lassen.

Auch die Pandemie, die uns seit rund zwei Jahren begleitet, lässt sich mit all ihren Neben- und Auswirkungen nicht ändern und nicht mehr rückgängig machen. Sie hat für uns alle eine enorme Anstrengung bedeutet (und tut es noch) – eine Rückkehr zu »business as usual« oder »mit Vollgas weiter wie davor« ist daher unmöglich. Die Rahmenbedingungen haben sich geändert, sind nicht mehr dieselben wie vor Covid. So wie sich Alex und meine persönlichen Rahmenbedingungen nach Ninas Wachkoma und ihrem Tod verändert haben.

Doch wie kann es weitergehen? Wie einer Krise Sinn geben, die uns so viele(s) gekostet hat? Wenn etwas deutlich geworden ist während dieser Pandemie, dann dass es ein neues, besseres Bewusstsein für mentale Gesundheit in unserer Gesellschaft braucht. Schon vor Corona gestaltete sich die Versorgung mit stationären Betten, mit Tagesangeboten, mit niedergelassenen ÄrztInnen im psychiatrischen Bereich genauso schlecht wie mit dem kassenfinanzierten Zugang zu Psychotherapie. Geschuldet war und ist dies vermutlich dem großen Stigma, das psychischen Erkrankungen und seelischen Krisen immer noch anhaftet. Wer psychische Probleme hat, gilt als schwach, selbst daran schuld, unberechenbar, nicht wirklich heilbar. Niemand käme auf die Idee, dass jemand nach einem komplett verheilten Beinbruch nie wieder Arbeiten verrichten könnte, die im Stehen oder Gehen stattfinden, da ja auf sein Bein kein Verlass mehr ist. Im Bereich der psychischen Erkrankungen wird Menschen, die geheilt oder bestens medikamentös eingestellt sind, stets mit Misstrauen begegnet – egal wie lange die Krankheitsepisode möglicherweise schon vergangen ist. Der Psyche ist offensichtlich nicht zu trauen, wenn sie einmal ins Stottern kommt.

Es fehlt an Aufklärung und an Bewusstsein. Drei unserer vier Kinder waren an Depression erkrankt, alle drei besuchten noch die Schule, als die Diagnose gestellt wurde. Unterstützung durch die Schule war zwar zum Großteil da, was uns aber am meisten in Erinnerung geblieben ist, sind die angsterfüllten Reaktionen von LehrerInnen und DirektorInnen. Viele waren schlichtweg überfordert, da sie nicht wussten, wie sie mit diesen Ereignissen umgehen sollten. Die psychische Gesundheit ist aber genauso wie eine psychische Erkrankung nichts, was man vor der Klassentüre einfach abgeben könnte. Die Schule muss sich mit diesem Thema auseinandersetzen, zumal sich die psychischen Probleme von Kindern und Jugendlichen in der Pandemie nachweislich vervielfacht haben. Kinder und Jugendliche mit psychischen Problemen können auch nicht einfach zu Hause bleiben, bis sie wieder »gesund« sind, denn dann wären die Schulen so gut wie leer.

Psychisch belastete oder erkrankte Kinder und Jugendliche brauchen belastbare, verständnisvolle und aufgeklärte Bezugspersonen – zu Hause, in der Schule und als professionelle Hilfestellung. Doch damit dies gewährleistet werden kann, bedarf es eines Umdenkens in unserer Gesellschaft. Prävention und Versorgung müssen bei der mentalen Gesundheit genauso in den Fokus rücken wie bei der körperlichen. Dazu gehören unter anderem Vorsorge-Untersuchungen bzw. Gespräche, ein niederschwelliger und kassenfinanzierter Zugang zu Beratung und Therapie sowie die anerkannte Selbstverständlichkeit, dies alles in Anspruch zu nehmen. Um der immer noch bestehenden Stigmatisierung in der Gesellschaft entgegenzuwirken, braucht es Vorbilder, vor allem in der Politik, in der Wirtschaft und im Sport. Es ist zu wenig, wenn sich Künstlerinnen und Künstler outen, denen ein gewisser Grenzgang in mentalen Dingen gerne einmal nachgesehen wird.

Wenn politisch angekündigt wird, dass der Zugang zu Psychotherapie in Zukunft neu geregelt werden soll, dann ist das ein gutes Zeichen. Viel wichtiger aber wäre gewesen, dies schon mit Beginn der Covid-Krise zu tun. Die Vorsorge im Bereich psychische Gesundheit lässt sich nicht aufschieben, bis die Pandemie vorbei ist. Die Menschen haben die Probleme jetzt, und sie werden immer dringender.

Die Gefahr, dass diese in Vergessenheit geraten, ist leider groß. Die Tendenz, nach großen Krisen deren psychische Folgen eher zu verdrängen, zeigt uns schon unsere Geschichte. Nach dem Zweiten Weltkrieg ging es verständlicherweise um den Wiederaufbau. Man wollte wieder ohne Angst leben. Den Menschen sollte es wieder gut gehen. Und jene, denen dies nicht gelang, wurden totgeschwiegen. Über die psychischen Folgen wurde nicht gesprochen, zumal auch der Psychiatrie damals nur drastische und oft menschenverachtende Methoden zur Verfügung standen. So beschäftigen uns die Auswirkungen des Krieges in Form von Gefühlsverdrängung und Bindungsunsicherheit bis heute.

Es könnte ein großer Wendepunkt für unsere Gesellschaft sein, wenn die Covid-Krise zum Anlass genommen würde, der psychischen Gesundheit jenen Stellenwert einzuräumen, den sie braucht, um ein erfülltes Leben zu ermöglichen. Persönliches Glück und persönliche Leistungsfähigkeit hängen davon ab – und damit auch Wirtschaft und Bildungssystem. Neue Ideen, neue Unterstützungsmodelle (Stichwort Firmengesundheit), neue Arbeitszeitmodelle, neue Unterrichtsmodelle könnten daraus entstehen.

Was brauchen wir also, um nach den so anstrengenden Jahren der Pandemie wieder leistungsfähig und motiviert zu sein? Wir brauchen die Chance, die eigenen Balance innerhalb der neuen Rahmenbedingungen wiederfinden zu können. Das funktioniert mit Verständnis, Unterstützung, Solidarität und Regeneration. Sicheres, regulationsdynamisches Führen heißt in diesem Zusammenhang nicht nur die persönliche, sondern auch die Krise der anderen mitzudenken. Wer finanziell gut abgesichert ist, kommt anders durch eine Pandemie als jemand, der um seine Existenz fürchten muss. Wer schwer erkrankt ist, erlebt die Krise anders als der Gesunde.

Wenn alle in einem Betrieb in ihrem Krisenerleben gesehen werden und die Führungsebene sich ebenfalls (menschlich) sichtbar macht, sind gegenseitiges Verständnis und Solidarität möglich. Mit einem gewissen Abstand lohnt sich dann auch eine neuerliche Analyse der Situation, denn wer erschöpft ist, sieht seine Probleme meist anders als jemand, der erholt und gut regeneriert ist. Was vorher als unbezwingbarer Berg erscheint, stellt sich nach vielen kleinen Schritten als erreichbarer und erstrebenswerter Gipfel heraus. Und es ist ein unbeschreiblich erhebendes Gefühl, dort oben gemeinsam unterm Gipfelkreuz zu stehen und die Aussicht zu genießen.

4. Die Sprache der Gefühle lernen

Emotionen und Gefühle sind Botschaften unseres Gehirns und unseres Körpers. Auf diese Weise teilt uns unser Organismus entweder mit, wie er die Umwelt erlebt und einschätzt, oder welche Bedürfnisse er hat. Wenn wir einen geliebten Menschen begrüßen, dann durchströmen uns Gefühle wie Freude, Geborgenheit und eben – Liebe. In solchen Momenten überlegt niemand, wo genau dieses Gefühl im Körper verortet ist und wie es sich bemerkbar macht: Ob das Herz schneller schlägt, die Wangen warm werden, oder ob es im Bauch kribbelt. Bei Hunger- oder Durstgefühlen oder Schmerzen verhält es sich anders: Der Bauch knurrt, die Kehle ist trocken, und in der blutenden Schnittwunde pulsiert und sticht es. Oft wird uns erst durch das deutliche Spüren bewusst, welches Bedürfnis sich meldet.

In der Psychologie wird häufig zwischen Emotionen und Gefühlen unterschieden: Während Emotionen als spontane Gemütsregung betrachtet werden, muss bei Gefühlen intensiver »hineingespürt« werden. Auch werden z. B. Hunger und Durst nicht als klassische »Gefühle« bezeichnet, sondern nur Gemütsäußerungen, wie Wut, Angst, Freude, Trauer, Ekel oder Überraschung. Die soeben aufgezählten Gemütsregungen gelten übrigens als angeborene Basisemotionen, die jeder Mensch auf der Welt, egal aus welchem Kulturkreis, erkennen und interpretieren kann.

Im allgemeinen Sprachgebrauch werden aber Emotionen und Gefühle meist vermischt bzw. als Synonyme betrachtet, und wir sprechen auch von Gefühlen, wenn wir hungrig oder durstig sind bzw. Schmerzen haben. Genau so wollen wir es auch halten, da es uns nicht um exakte wissenschaftliche Differenzierungen geht, sondern darum, sichtbar zu machen, auf welch kluge Weise unser Organismus mit uns kommuniziert. Und dass es sich lohnt hinzuhören bzw. hinzuspüren.

Dieses Hinhören fällt vielen Menschen schwer, da uns Erziehung und gesellschaftliche Prägung jahrzehnte-, ja jahrhundertelang davon überzeugt haben, dass Gefühle etwas seien, was man beherrschen müsse. Noch heute haftet Emotionen der Makel an, sie stünden dem Verstand diametral entgegen. Frauen wurden noch Anfang des letzten Jahrhunderts davon abgehalten, sich an politischen Entscheidungen zu beteiligen oder ein Universitätsstudium zu absolvieren, weil sie als zu »emotional« galten. Noch heute traut man Frauen oft hohe Führungsämter weniger zu, weil sie sich angeblich stärker von ihren Gefühlen beeinflussen lassen als Männer. Und wer kennt nicht das Klischee des beinharten Geschäftsmannes, der rein rational Entscheidungen trifft, so hart sie auch sein mögen.

Gefühle zu zeigen war lange Zeit verpönt, und das wurde Kindern auch schon früh beigebracht. Der Satz »Ein Indianer kennt keinen Schmerz« war vor rund 50 Jahren, als Alex und ich kleine Kinder waren, die absolut übliche Reaktion der Eltern auf kleinere Verletzungen oder Unfälle. »Zähne zusammenbeißen«, lautete das Motto, und im schlimmsten Fall hieß es: »Ich geb dir einen Grund zu weinen, wenn du nicht sofort aufhörst!« Doch nicht nur mit negativen Gefühlen, wie Trauer und Wut, sollte man sich zurückhalten, sondern auch mit Freude oder Stolz – bloß nicht in irgendeiner Weise überschwänglich sein.

Zum Glück hat sich gesamtgesellschaftlich in der Erziehung seitdem vieles verändert. Uns war es als Eltern wichtig, dass unsere Kinder ihre Gefühle zeigen durften. Wir nahmen Anteil an ihrem Schmerz, nahmen sie in die Arme und ließen sie weinen, so lange sie das Bedürfnis dazu hatten. Bei kleineren Wunden reichte das oder ein beherztes »Blasen« oft schon, und der erste Schreck war bald überwunden. Ausgelassene Freude durfte gezeigt werden und wurde geteilt, auch der Ärger über FreundInnen oder die Schule hatte seinen Platz (meist in Form von Gesprächen am Mittagstisch).

Die Generation unserer Kinder ist also, was Emotionen betrifft, ganz anders aufgewachsen als die Generationen zuvor, und doch haben so viele Menschen nach wie vor Probleme, ihre Gefühle wahrzunehmen, sie verbal zu äußern oder gar zu zeigen. Wenn ich mich selbst erforsche, dann weiß ich heute, dass ich mich zwar bemüht habe, mit den Gefühlen meiner Kinder anders umzugehen als meine Eltern mit mir, aber deshalb konnte ich noch lange nicht mit meinen eigenen Emotionen gut umgehen.

Das Thema Wut ist da das beste Beispiel. Ich wusste viele Jahre nicht, wie ich dieses Gefühl handhaben sollte. Wenn unser ältester Sohn wütend auf die kleine Schwester war, weil sie seine neueste Lego-Kreation zerstört hatte, und auf sie einschlug, dann ging ich dazwischen. Ich stoppte ihn und konnte dabei aber nicht ruhig bleiben – ich wurde selbst zornig. Ich war entsetzt darüber, wie sehr mich diese Wut erfasste. Schimpfend verbannte ich ihn dann manchmal in sein Zimmer, auch um ihn vor noch heftigeren Reaktionen meinerseits zu schützen. Ich spürte, dass der Impuls, ihm einen Klaps zu geben, in mir hochkochte – obwohl ich körperliche Gewalt in der Erziehung zutiefst verabscheue und ich selbst nur einmal in meinem Leben eine Ohrfeige von meinen Eltern kassiert habe.

Ich wusste nicht, wohin mit meinem Zorn. Natürlich hatte ich in der Vergangenheit oft meine Wut beim Volleyball »herausgelassen« oder hatte mit Alex oder auch meinem Vater laut gestritten, aber dieser Moment, als mir klar wurde, dass ich die Wut und die Aggression meines kleinen Sohnes kaum ertragen konnte, hatte eine ganz andere Qualität. Ich wollte dieses Problem dringend angehen, denn Wut und Zorn waren für mich ausschließlich negative Gefühle, die es unbedingt zu unterdrücken galt.

Es war damals überhaupt eine Zeit, in der Aggression nur mehr einseitig als zerstörende Kraft gesehen wurde, und damit vor allem in Elternkreisen sowie in Schule und Kindergarten verpönt war. Rangeleien in der Pause oder auf dem Heimweg von der Schule riefen sofort aufgeregte Mütter und Väter auf den Plan, die hektisch herumtelefonierten, um den oder die Schuldigen zu verwarnen. Waffen als Spielzeug waren ein absolutes No-Go, selbst wenn sie sich als bunte Wasserpistolen tarnten. Das verhinderte im Übrigen nicht, dass sich unsere Kinder aus Lego oder Stöcken selbst ihre Gewehre zusammenbauten. Die offen gezeigte, wenn auch spielerische Aggression der Kinder löste bei den Eltern und PädagogInnen Angst aus. Angst, dass da eine zerstörerische Generation heranwächst, die ihre Gefühle nicht unter Kontrolle bekommt. Vielleicht weil es eine Generation war, die zum ersten Mal überhaupt Gefühle deutlich zeigen durfte?

Aus diesen Überlegungen wird ersichtlich, wie sehr sich der Umgang mit Gefühlen in den letzten Jahrzehnten im Umbruch befindet, und wie wenig wir darüber gelernt haben, wie wir mit unseren Emotionen gesund umgehen können. Denn die meisten (älteren) Menschen haben nur gelernt, sie zu beherrschen, indem sie Gefühle unterdrückten. Jemand, der seine Empfindungen und Gemütsregungen verdrängt, wird als emotional reifer empfunden als derjenige, der von seinen Gefühlen übermannt wird und sie »nicht unter Kontrolle« hat. Das ist insofern verständlich, weil unkontrollierte Emotionsausbrüche auch eine zerstörerische Qualität haben können – wenn beispielsweise ein Mann seine Wut an seiner Frau auslässt oder eine Mutter an ihren Kindern.

Wir möchten aber an dieser Stelle weg vom zerstörerischen

oder auch krankhaften Ausdruck von Gefühlen hin zu jenen basalen Emotionen, die jeder Mensch empfindet – ständig, jeden Tag, sein Leben lang. Gefühle als Botschaften unseres Organismus, die es wahrzunehmen gilt, um eine gesunde Selbst- und Co-Regulation entwickeln zu können. Dabei sind »positive« Gefühle, wie Freude, Glück, Zugehörigkeit oder Geborgenheit, natürlich absolut erwünscht. Auch wenn manche Menschen sie nicht überschwänglich auszudrücken vermögen, spüren möchten sie diese Gefühle sehr wohl. In den letzten Jahren hat das Streben nach Glück und positiver Gestimmtheit ganze Wirtschaftszweige erfasst oder auch hervorgebracht: keine Werbung, die uns nicht Wohlbefinden und Zufriedenheit suggeriert, wenn wir nur dieses oder jenes Produkt kaufen. Ratgeber und Seminare schossen wie Pilze aus dem Boden, denn jede(r) sollte ihren/seinen Weg zum Glück finden – vorausgesetzt, man änderte nur einfach sein »Mindset«, also seine Art zu denken.

Doch niemand kann durchgängig glücklich, fröhlich oder nur positiv gestimmt sein. Das Leben stellt uns täglich vor Herausforderungen, und nicht auf jede reagiert unser Organismus mit Freude. Es macht keinen Sinn, nur positive Botschaften hören zu wollen, denn auch negative Gefühle vermitteln uns wichtige und wertvolle Informationen. Angst ist zum Beispiel im Moment bei vielen eine sehr dominante Emotion, egal ob sie dem Virus, der Impfung oder den staatlichen Einschränkungen gilt. Angst kann uns lähmen, wenn sie ständig aufrechterhalten wird. Sie engt unsere Wahrnehmung und unser Denken ein, denn wer ständig im Alarmzustand ist, muss einen Großteil seiner Energie für die Kampf- bzw. Fluchtbereitschaft zur Verfügung stellen.

Das Positive an der Angst ist, dass sie uns wachsam macht, weil sie eben Herzschlag, Atmung und Muskeln aktiviert, um den Organismus mit mehr Energie zu versorgen. Diese erhöhte Achtsamkeit und Spannung ermöglicht es uns, für eine gewisse Zeit eine höhere Leistung zu erbringen. Wenn es um etwas geht, etwa beim Sport, im Berufsleben oder in einer brenzligen Situation, braucht es aktiven, kraftvollen und beherzten Einsatz – da kann niemand völlig entspannt bleiben. Angst hat auch eine Schutzfunktion, sie warnt uns vor übereilten Entscheidungen, waghalsigen Manövern oder zu großem Risiko. Dann ist Angst oft als diffuses Bauchgefühl zu spüren, das – je größer die Gefahr – auch noch viel deutlicher und brennender werden kann.

Angst kann akut sein, dann verleiht sie uns oft Bärenkräfte (wie mir, als ich unsere Tochter Nina fand). Angst kann aber auch bohrend und hartnäckig sein – vor allem, wenn wir sie nicht spüren wollen. Niemand verspürt gerne Angst, sie ist ein äußerst unangenehmes Gefühl, weil unser Körper praktisch von 0 auf 100 hochreguliert wird.

Alex und ich haben in Bezug auf unsere Angst ganz unterschiedliche Geschichten zu erzählen. Er fand schon mit rund acht Jahren zu seiner Sportart, in der es ganz wesentlich ist, die eigene Angst zu überwinden. Wer seine Angst beim Skispringen nicht beherrschen kann, der muss entweder verzichten oder begibt sich in Gefahr. Eine falsche Bewegung, vor allem ein Nachlassen der Körperspannung, kann fatal enden.

Meine Angst war eher sozialer Natur: Da war zum einen die Angst, in Schule oder Sport nicht zu entsprechen und daher beschämt oder ausgeschlossen zu werden. Und zum anderen fiel es mir schwer, auf (fremde) Menschen zuzugehen und meine Bedürfnisse zu äußern – aus der Furcht heraus, abgewiesen zu werden. Alex war also auf der Suche nach einer akuten Angstbewältigung, ich nach einer nachhaltigen. Wir beide wählten als junge Erwachsene den Weg der Konfrontation; so lernten wir uns auch kennen und lieben: Stets auf der Suche nach Adrenalin. Wobei bei mir nicht nur Gleitschirmfliegen oder Bungee Jumping für einen

Adrenalinausstoß sorgte, sondern auch ein Interview mit einem unbekannten Sportler (ich arbeitete damals als Sportjournalistin).

Doch was wir beide in Wahrheit trainierten, war nicht der Umgang mit der Angst, sondern das perfekte Verdrängen. Wir wollten die Angst einfach nicht mehr spüren. Und das funktioniert nur bis zu einem gewissen Grad. Es änderte zum Beispiel nichts an meiner extremen Prüfungsangst und auch nichts an Alex' Spinnen- und Wespenphobie. Man sollte meinen, dass sich ein ausgewachsener Mann, der über die größten Schanzen der Welt springt, beherrschen kann, wenn er ein so kleines Insekt vor sich hat – aber dem ist nicht so.

Ich war nicht nur in dieser Hinsicht im Alltag die Mutigere von uns beiden, doch genau betrachtet gelang es mir einfach nur besser, meine Angst zu verdrängen bzw. nicht zu zeigen. Auch als unsere Tochter im Wachkoma lag, war ich diejenige, die von keiner Komplikation aus der (doch sehr angespannten) Ruhe gebracht werden konnte. Während Alex seine Sorgen deutlich zeigte und artikulierte, setzte sich in meinem Kopf fast automatisch ein positiver Gedanke vor die Angst. Ich verlor bis zum Schluss nie die Hoffnung, egal wie aussichtslos die Lage war. Ich glaube heute, dass dies ein Überlebensmechanismus war. Wäre die akute Angst um Nina mit meiner »alten« sozialen Angst verschmolzen, dann wäre das alles für mich nicht zu ertragen gewesen. Aus dieser Erfahrung heraus glaube ich auch, dass die Angst, die derzeit viele Menschen im Rahmen der Covid-Krise haben, oft mehr mit ihrer Vergangenheit zu tun hat als mit der aktuellen Gefahrenlage (durch Virus oder Impfung).

Wir nehmen die Pandemie und ihre Folgen sehr ernst, zumal wir wissen, was es heißt, einen geliebten Menschen zu verlieren, und was es bedeutet, ernsthaft und langfristig psychisch oder physisch erkrankt zu sein. Doch obwohl wir auch bei unseren Kindern die Auswirkungen der Pandemie sehen, machen wir uns beispielsweise kaum Sorgen darüber, dass sie »in einer Krise aufwachsen« müssen und dabei etwas verpassen würden. Es gibt für niemanden auf der Welt die Garantie, dass er/sie sein ganzes Leben völlig unbehelligt und ohne gröbere Einschnitte verbringen kann. Krisen gehören zum Leben dazu, und wer mit liebevoller Unterstützung gelernt hat, mit ihnen umzugehen, der wird gefestigt und anpassungsfähig seinen Weg finden.

Als die akute Angst nach Ninas Tod abfiel, war das trotz allem für uns eine gewisse Erleichterung. Keine Angst vor neuen Hiobsbotschaften mehr bzw. Schluss mit dem Verdrängen. An ihre Stelle trat die allumfassende Trauer, doch über dieses ganz spezielle Gefühl wird nicht hier, sondern an späterer Stelle ausführlicher zu lesen sein.

Die Trauer überdeckte zunächst alles, doch schon bald kehrte meine alte Angst zurück. Ich hatte meine Tochter durch Suizid verloren. Würden die Menschen denken, ich sei eine schlechte Mutter? Würde unser Schicksal andere Menschen abschrecken? Wollten sie womöglich nichts mehr mit mir/uns zu tun haben? Würden unsere FreundInnen und Bekannten unsere Trauer aushalten? Würden uns Menschen für alles, was passiert war, die Schuld geben?

Geschwächt durch das kräftezehrende Jahr und erschöpft von der Trauer, gelang es mir immer schlechter, meine ständig glimmende Angst zu unterdrücken. Ich konnte sie zwar in der Therapie gut artikulieren, begriff auch vom Verstand her, dass es keinen akuten Grund für diese Angst gab – aber sie blieb trotzdem da. Sie drängte sich geradezu körperlich auf, während ich versuchte, sie mit meinem Verstand in die Schranken zu weisen. Im Nachhinein gesehen, war dies ein ungeheurer Kraftakt. Denn nicht nur, dass die Angst blieb, es gesellte sich noch die Angst vor der Angst hinzu. Und die wurde irgendwann fast noch größer als die Grundemotion selbst. Ich bekam Angst davor, Angst zu bekommen und sie nicht mehr verdrängen zu können.

Das zeigte sich irgendwann deutlich im Hinblick auf meine Migräne. Diese war mein Leben lang hormonabhängig gewesen und hatte sich schon vor Ninas Suizidversuch in meiner Perimenopause deutlich verschlechtert. An dieser Stelle möchte ich betonen, dass Migräne eine eigenständige neuronale Erkrankung ist. Sie ist nicht heilbar und kein Symptom einer anderen Erkrankung. Da sie bei mir aber nicht nur durch Hormonschwankungen, sondern auch durch physischen und psychischen Stress getriggert wird, verschlimmerte sie sich in den letzten Jahren extrem. Grundsätzlich bin ich durch Prophylaxe und Akutmedikation so gut eingestellt, dass ich Schmerzen und Begleitsymptome meist auch schnell in den Griff bekomme. Was mich aber sehr belastet, ist die Angst vor den Schmerzen. Ich weiß, dass ich, wenn die Symptome einer Attacke auftauchen, fast panisch werde. Und ich habe Angst vor dieser Angst, wodurch ich mein Leben eine Zeit lang extrem einschränkte, um ja keinem Trigger zu »begegnen«. Erst ein Online-Seminar zur psychologischen Bewältigung von Migräne hat mir dies klargemacht und einen neuen Umgang mit Auslösefaktoren ermöglicht.

Doch zurück zu der Zeit nach Ninas Tod. Meine soziale Angst drängte sich also mit aller Vehemenz auf. Ich wollte mich ihr in der Therapie stellen, aber ich wollte sie nicht spüren. Da schob sich die Wut an ihre Stelle. Nach dem Motto »Angriff ist die beste Verteidigung« nahm ich die Dinge selbst in die Hand, stellte klar, was mich störte, was ich nicht hören wollte, wen ich nicht mehr sehen wollte. Über die Wut als Antriebskraft haben wir im ersten Abschnitt und in »Mut zur Klarheit« bereits geschrieben. Wut, Zorn und Aggression werden in der Gesellschaft fast ausschließlich als negativ empfunden. Der zerstörerische Aspekt steht im Vordergrund. Dabei deutet schon die Übersetzung des aus dem Lateinischen stammenden Wortes Aggression die positive Seite dieser Emotion an: vorwärts gerichteter Impuls.

Wut gibt uns Antrieb. Wut zeigt uns an, dass wir mit etwas absolut nicht einverstanden sind. Wut lässt uns für unsere Ziele kämpfen und für Klarheit sorgen. Wut bewirkt, dass wir unsere persönlichen Grenzen achten und bewahren. Natürlich ohne Gewalt – weder körperlich noch verbal, dafür mit Tatkraft und Willensstärke. Die Wut in mir – über das Unverständnis anderer, über die Angst in mir – bewirkte, dass ich etwas verändern wollte. Mich verändern wollte. Damit Ninas Tod wenigstens einen Sinn bekam.

Mir wurde auf diese Weise klar, dass nicht nur positive, sondern auch alle vermeintlich negativen Gefühle einen Sinn haben. Neid zeigt uns unter anderem, dass wir mit etwas in unserem Leben nicht zufrieden sind, Eifersucht, dass wir uns in unserer Beziehung nicht sicher fühlen, Enttäuschung ermöglicht das Ende einer Täuschung, Trauer einen Abschied.

Doch was tun, wenn man einen Großteil seines Lebens damit verbracht hat, »negative« Gefühle zu verdrängen? Es ist, als würde man eine neue Sprache lernen. Zuerst gilt es, gut zuzuhören. Dem Gefühl im Körper Raum zu geben, ohne sofort zu reagieren (es zu verdrängen oder auszuagieren). Spüren, wie es sich rein körperlich anfühlt, wo es sich befindet, welche Qualität es hat. Ich habe bei meinen Recherchen darüber gelesen, dass Gefühle kommen und gehen wie Wellen. Wirklich spürbar ist eine Emotion demnach nur wenige Minuten. Abhängig davon, wie wir sie bewerten, setzt sich aber eine Reaktionskaskade in Gang, die viel länger dauern kann. Wenn ich also merke, dass Angst oder Wut in mir hochsteigen und ich dieses Gefühl unbedingt verdrängen will, dann fährt mein Nervensystem hoch, als ob ich gegen einen Feind ankämpfen würde. Dieser Kampf (oder auch die Flucht) dauert oft viel länger an als das Gefühl selbst.

Ich habe begonnen, mich meiner Angst in der Weise zu stellen, dass ich sie bewusst zugelassen und sogar gedanklich begrüßt habe: »Ah, da bist du ja schon wieder.« Ich habe mich bei diesem Prozess sozusagen selbst begleitet, indem ich mich gefragt habe, ob es einen aktuellen Grund für die Angst gibt, oder ob es eine alte Furcht ist. Bei einem aktuellen Grund (etwa ein bevorstehendes nervenaufreibendes Ereignis) ist das Gefühl tatsächlich nach kurzer Zeit wieder abgeklungen. Bei älteren Ängsten gelingt mir das bis heute nicht so gut. Doch indem ich auch hier meine Regulationstechniken, wie das bewusste Ausatmen, einsetze, kann ich meinen Organismus beruhigen und ins Hier und Jetzt zurückfinden. Auch das im letzten Abschnitt erwähnte Reparenting, also das Nach-Beeltern, spielt eine große Rolle: Ich begegne mir und meinen Gefühlen mit Verständnis und schäme mich nicht mehr dafür.

Die Anfänge dieses »Meine-Gefühle-bewusst-Zulassens« habe ich unter therapeutischer Begleitung gemacht. Ich denke, gerade wenn es potenziell traumatische Hintergründe gibt, sind eine sichere Umgebung und die Möglichkeit der beruhigenden Co-Regulation unerlässlich. Ich habe auch Hilfe dabei gebraucht, meine Gefühle auseinanderzuhalten, und damit dem vorherrschenden Grundgefühl auf die Schliche zu kommen. Da hatte sich so vieles übereinandergelegt – Wut auf Scham, Scham auf Trauer, Trauer auf Angst –, dass ich meine Gefühle erst wie eine Zwiebel Schicht für Schicht abschälen musste, um sie erkennen und zulassen zu können.

Professionelle Hilfe ist auch deshalb wichtig, da Emotionsvermeidung manchmal auch ein wichtiger Schutz sein kann: um eben in bestimmten Situationen nicht von seinen Gefühlen überwältigt zu werden, um die Kontrolle nicht zu verlieren oder um nicht unangemessen zu reagieren.

Wir selbst sind, was das Lernen einer neuen »Sprache der Gefühle« betrifft, erst am Anfang unserer Entwicklung. Aber wir haben schon jetzt deutlich gespürt, welch positiven Einfluss es auf unsere Fähigkeit zur Stressregulation hat, wenn wir Gefühle nicht mehr verdrängen oder verstecken müssen. Emotionen ständig kontrollieren zu wollen heißt, immer im Alarmzustand zu sein. Emotionen zuzulassen, sie einen Moment zu spüren und nicht sofort zu reagieren, bewirkt hingegen eine Rückkehr in das eigene Toleranzfenster.

Wir haben ein Kind verloren. Der Suizidversuch unserer Tochter und ihr Tod nach 13 Monaten im Wachkoma hat unsere kleine Welt aus den Angeln gehoben. Emotionen, die in unserer heutigen Leistungsgesellschaft gerne verdrängt werden, sind mit Urgewalt über uns hereingebrochen: Angst, Scham, Wut, Ohnmacht und Trauer. Wir waren gezwungen, unser Dasein und unser Denken neu zu sortieren – als Einzelperson, als Paar und als Eltern. Diesem schwierigen Prozess verdanken wir aber eine zuvor nicht gekannte emotionale Freiheit, die uns den Glauben ans Leben und an die Liebe zurückgab. Die Erfahrung, auch negative Gefühle in unser Leben integrieren zu können und keine Emotionen mehr verdrängen zu müssen, wirkte befreiend und gab uns ein Gefühl der inneren Stärke.

4.1. Emotionale Stressverstärker erkennen

Der Grundstein für den Umgang mit Stress und Gefühlen wird also in der Kindheit gelegt, umso schwieriger ist es, als Erwachsene(r) etwas an seinem Verhalten zu verändern. Zumal das Er- bzw. Beziehungsverhalten der Eltern eingebettet ist in das soziale Verständnis von Werten und Regeln. Kinder lieben ihre Mütter und Väter bedingungslos, tun alles, um ihnen zu »gefallen«. Forschungen haben gezeigt, dass Babys schon im Alter von sechs Monaten dazu fähig sind, sich an das anzupassen, was ihre Eltern von ihnen erwarten. Löst das Einfordern von Bedürfniserfüllung bei den Eltern Stress und womöglich Missmut oder Ärger aus, dann wird das Kind seine Bedürfnisse zurückfahren und sich mit weniger begnügen. Immer auch aus der unbewussten Angst heraus, »verstoßen« zu werden, und damit das eigene Überleben zu gefährden. Das sind uralte Überlebensmuster, die in jedem/jeder von uns angelegt sind.

Doch auch wenn Kinder älter werden, sind sie fundamental von der Anerkennung und Wertschätzung ihrer Eltern abhängig. Wer in seiner Eigenart »gesehen« wird, der entwickelt Selbstverständnis und Selbstwert. Um das zu erreichen, orientieren sich Kinder am Verhalten ihrer Eltern. Erziehung findet am meisten durch Lernen am Vorbild statt. Ein klassisches Beispiel dafür ist die Handynutzung: Wer seinen Kindern strenge Handyzeiten vorgibt, selbst aber in jeder freien Minute am Bildschirm hängt, der hat die Nutzung zwar unter Kontrolle, vermittelt aber die Botschaft, dass es in Ordnung ist, sich stundenlang mit dem Mobiltelefon zu beschäftigen, wenn man nur alt genug dafür ist. Ich habe einen kurzfristigen Effekt, aber keine langfristige Wertevermittlung.

Das ist natürlich ein sehr vereinfachtes Beispiel, zeigt aber gut, wie Lernen am Vorbild funktioniert. Eine exzessive

Handynutzung ist zudem ein Verhalten, das relativ einfach zu erkennen und zu verändern ist (außer es liegt eine Suchterkrankung vor). Schwieriger wird es da schon mit Glaubenssätzen, die von Kindheit an tief emotional verankert sind. Der deutsche Stressexperte Dr. Gert Kaluza bezeichnet diese unbewussten Verhaltensmuster als Stressverstärker. Ich selbst bin im Rahmen meines Online-Seminars zum Thema »Psychologische Bewältigungsstrategien für Migräne« zum ersten Mal auf diese »inneren Antreiber« gestoßen. Und habe mich bei jedem der fünf Glaubenssätze wiedererkannt.

Ich muss perfekt sein!
Ich muss beliebt sein!
Ich muss unabhängig sein!
Ich muss die Kontrolle behalten!
Ich muss durchhalten!

Der letzte Satz sprach mich in Bezug auf die vergangenen Jahre natürlich am meisten an. Die Verantwortung, die ich für meine Familie trug, fühlte sich inzwischen wie eine tonnenschwere Last an, von der ich glaubte, nichts ablegen zu können. Ich holte mir zwar rundherum Hilfe, aber nicht um selbst entlastet zu werden, sondern um noch länger durchhalten zu können. Zu scheitern gehörte nicht zu meinem Plan, davor hatte ich regelrecht Panik. Lieber noch länger die totale Überforderung ertragen, als aufgeben. Ich hatte auch das Gefühl, dass ich das meinen jüngeren Kindern schuldig sei: Sie mussten so vieles in Kauf nehmen, so vieles aushalten, während Nina im Wachkoma gelegen war, da verdienten sie jetzt eine Mutter, die stark blieb und für sie da war.

Doch wer für sich selbst nicht sorgen kann, der kann irgendwann auch nicht mehr für andere da sein. Das Ziel war, dass es uns allen wieder gut ging. Das konnte meiner Meinung nach nur erreicht werden, wenn ich durchhielt, wenn ich meine Pflicht erfüllte. Erst durch den Klinikaufenthalt unseres dritten Kindes, das an einer Dysthymie erkrankt war, einer chronischen leichtgradigen depressiven Verstimmung, erkannte ich, dass ich in einem Verhalten feststeckte, das niemandem diente. Weder mir noch meiner Familie. Denn ich war ein schlechtes Vorbild: Ich kannte und akzeptierte meine körperlichen und mentalen Grenzen nicht, ich sorgte nicht ausreichend für mich, ich erlaubte es mir nicht, auch einmal schwach zu sein.

Da konnte es mir noch so schlecht gehen, vor den Kindern beherrschte ich mich, so gut es ging, setzte ein Lächeln auf, redete ihnen gut zu, motivierte sie, weiterzukämpfen. Auch wenn ich über ein ausnehmend gutes Pokerface verfüge, allein an meiner Ausstrahlung, meiner Körperhaltung und meinen ständigen Wehwehchen war zu erkennen, dass ich meine Grenzen schon viel zu lange überschritten hatte. Unsere Tochter hatte dieses Verhalten längst verinnerlicht. Wie oft hörten wir von LehrerInnen, Bekannten und Verwandten, dass sie doch eh so gut aussehe. Dass sie gestrahlt hätte. In Wahrheit hatte sie durchgehalten, bis sie zu Hause war, und war dann weinend zusammengebrochen.

Ich musste lernen, für mich selbst zu sorgen. Auch wenn das nach allem, was geschehen war, sehr viel Zeit in Anspruch nahm. Ich musste auch lernen, mich selbst bei dem, was ich tat, anzuerkennen. Dass es genug an Leistung war, wenn ich mich um meine angeschlagene geistige und körperliche Gesundheit kümmerte. Ich lernte, schwach sein zu dürfen. Hatte (fast) kein schlechtes Gewissen mehr, wenn ich viel Erholung und mehr Schlaf als andere brauchte. Ich lernte, ehrlich zu sein, was meine Gefühle betraf. Sprach offen darüber, wenn es mir schlecht ging, wenn ich traurig oder erschöpft war. Ich begann, meine Grenzen zu erkennen und darauf zu achten, dass sie eingehalten wurden – von mir und von anderen, auch wenn sich so mancher vor den Kopf gestoßen fühlte.

Ein Hauptgrund, warum es mir gelang, diesen enormen

emotionalen Antreiber des Durchhaltens zumindest zum Teil abzulegen, war, dass ich mich entschieden hatte zu vertrauen. Ich hatte durch meine Kindheitsgeschichte ein Leben lang das Gefühl, Menschen nicht hundertprozentig vertrauen zu können – das galt auch für meinen Mann. Einzig meinen Kindern hatte ich voll und ganz vertraut, und dann hatte Nina diesen Suizidversuch verübt. Ein Vertrauensbruch sondergleichen, niemals hätte ich ihr das zugetraut. Auch wenn ich weiß, dass jemand, der depressiv ist und eine suizidale Einengung erfährt, gar nicht dazu fähig ist, darüber nachzudenken, was ihr/sein Tun für andere bedeutet. Mein Vertrauen war (zunächst unbewusst) zutiefst erschüttert.

Und doch gelang es mir, erneut Vertrauen in das Leben und in die Liebe zu fassen. Wer voll und ganz vertraut, geht immer ein Risiko ein, enttäuscht zu werden, denn man weiß nie, was das Leben noch bringt. Aber in unserem Fall ist es das wert, denn mein Umdenken hat etwas verändert: in unserer Familie und in unserer Partnerschaft. Wir gehen viel ehrlicher und offener miteinander um und finden dadurch viel näher zusammen.

Dazu passt auch der Stressverstärker »Ich muss die Kontrolle behalten«. Das ist ein Glaubenssatz, der bestens auf Alex zutrifft. Als Cheftrainer hatte er seinen Athleten zwar immer gepredigt, auf das ständige Sich-Absichern (durch Analysieren und Tüfteln bis zur letzten Minute, durch viel zu viele Trainingssprünge) zu verzichten, für ihn selbst galt dieses Motto aber nie. Mut zur Unvollkommenheit, lautete sein Credo für die Sportler. Er selbst war aber einer, der schon im Vorfeld einer Saison, eines Wettkampfs, einer Großveranstaltung jede nur mögliche Eventualität bedachte und sich akribisch darauf vorbereitete.

Diese Eigenschaft stellte sich bis zu einem gewissen Punkt auch als sein Erfolgsgeheimnis heraus, denn nicht nur Team und Betreuer waren auf den Tag X perfekt vorbereitet, sondern auch das Umfeld (inklusive Hotels, Anreise etc.) wurde bis ins kleinste Detail darauf abgestimmt. Doch dieser Perfektionismus bedeutete auch eine enorme Kraftanstrengung schon im Vorfeld – für alle, und nicht wenige hielten diesem permanenten Druck nicht stand.

Wer mit etwas nur zufrieden ist, wenn es »perfekt« ist, wird diesen Zustand nie erreichen, sich aber beim Streben danach völlig verausgaben. Das gilt für einen selbst, für die Beziehung, für Freizeit und Beruf, ja für alle Bereiche des Lebens. Wer immer auf jede Eventualität vorbereitet sein will, der verbraucht beim Grübeln, Sich-Sorgen-Machen, Problemlösungen-Suchen, wo es noch gar kein Problem gibt, extrem viel mentale Energie. Im Prinzip ist dies ein dauerhafter geistiger Alarmzustand, der eine Rückkehr ins ausgeglichene Toleranzfenster verhindert. Der Wunsch, perfekt zu sein, allen (eigenen und gesellschaftlichen) Erwartungen gerecht zu werden, ist der Versuch, sich Sicherheit und Kontrolle über das Leben zu verschaffen, die es nie geben kann. Wer sich mit seiner Unvollkommenheit anfreunden kann, der spart viel Kraft und Energie – die wiederum entscheidend für eine funktionierende Anpassungsfähigkeit ist.

Der Wunsch nach Perfektion wird oft begleitet oder sogar begründet von der Sehnsucht nach dem »Ich muss beliebt sein!« Jeder Mensch wird mit dem Bedürfnis nach Zugehörigkeit, nach Bindung und Nähe, nach Angenommen-Werden geboren. Unsere Spezies konnte seit jeher nur in der Gemeinschaft überleben, die Einbindung in eine Gruppe und deren Zusammenhalt waren fundamental. Die Erkenntnisse der Bindungsforschung stellten sich deshalb als so bahnbrechend für die Erziehung heraus, weil ein direkter Zusammenhang zwischen dem Bindungsverhalten der Eltern und der späteren Stressresistenz wahrnehmbar war. Wer als Kind nicht sicher gebunden war, der wird später in seinem Leben eine viel größere Sehnsucht nach Anerkennung und Zugehörigkeit spüren als jemand, für den das von Geburt an selbstverständlich ist.

Gleichzeitig stellt der Verlust von Zugehörigkeit ein äußerst schmerzhaftes Ereignis für einen Menschen dar. ForscherInnen versuchten durch Gehirnscans zu zeigen, dass dabei dieselben bzw. ähnliche Strukturen im Gehirn aktiv sind wie bei starken körperlichen Schmerzen. Der Wunsch nach Bindung ist also in jedem Alter ein ganz natürliches Bedürfnis, wird er aber zum bestimmenden inneren Antreiber, dann kostet er unendlich viel Kraft.

In welcher »Verkleidung« sich der Glaubenssatz zeigt, ist von Mensch zu Mensch unterschiedlich. Bei mir äußerte es sich schon früh in dem Bestreben, niemanden enttäuschen und niemandem lästig sein zu wollen. Die Bedürfnisse der anderen kamen daher immer an erster Stelle, meine eigenen unterdrückte ich, wenn ich das Gefühl hatte, sie seien nicht erwünscht. Ich unterdrückte als Teenager meinen brennenden Ehrgeiz im Sport, weil Mitschülerinnen sich über mich beschwert hatten, ich unterdrückte die Freude und den Stolz auf eigene Erfolge, wenn andere weniger oder nicht erfolgreich waren, ich war wütend auf mich, dass ich schwer darunter litt, wenn Alex lange Zeit fort war.

Selbstverständlich gehört es zum sozialen Lernen, seinen Ehrgeiz in bestimmten Situationen zügeln zu können, sich mit anderen freuen zu können, andere mit dem eigenen Erfolgsgebrüll nicht zusätzlich zu demütigen oder auch allein sein zu können. Doch für jemanden, der beliebt sein will, weil er keine sichere Bindung hat, bedeutet dies zusätzlich die Bestätigung für seine Befürchtung: Man kann mich nicht lieben, denn mit mir ist etwas falsch. Ich bin zu ehrgeizig, zu egoistisch, zu besitzergreifend. Auch ich habe den »Fehler« schlussendlich immer bei mir selbst gesucht und versucht mein Verhalten zu »optimieren« – und dabei völlig aus den Augen verloren, wer ich bin. Ich scheute mich davor, bei meinen Nachbarn zu klingeln, weil ich mich ohne Alex einsam fühlte, aus Angst, abgewiesen zu werden. Ich könnte ja zu einem falschen Zeitpunkt kommen, und ich wollte auf keinen Fall »lästig« sein.

In einem Interview beschreibt sich der beliebte österreichische Schauspieler Erwin Steinhauer selbst als »Disharmoniker«. Er gehe Auseinandersetzungen nicht aus dem Weg, denn nur durch (konstruktive) Konflikte käme man der Wahrheit näher. Wer alles tut, nur um beliebt zu sein, der hat irgendwann keine persönlichen Grenzen, und damit keine Konturen mehr. So einem Menschen wirklich näherzukommen und ihn kennenzulernen, fällt ganz schwer, denn er wird tun und sagen, was von ihm erwartet wird, und nicht das, was ihn ausmacht oder was er möchte. Alex und ich konnten Konflikte nur schwer ertragen, familiäre Harmonie war uns beiden extrem wichtig. Gefühle wie Wut, Trauer und Zorn hatten da keinen Platz, vor allem nicht, wenn er nur wenige Tage zu Hause war. Auch nach Ninas Tod waren wir sehr auf Harmonie bedacht – wir hatten ja alle so viel mitgemacht, da sollte es nicht wegen »Kleinigkeiten« zum Streit kommen. Irgendwann bewegten wir uns wie auf Eierschalen, während die Gefühle im Untergrund brodelten.

Alex' stetes Streben nach Erfolg war seine Art, beliebt zu sein. Es dauerte lange, ihm klarzumachen, dass ich ihn als Mensch und nicht nur als siegreichen Trainer liebte. Schließlich unterstützte ich ihn ja bei allem, was er tat, um beruflich erfolgreich zu sein. Er brauchte die ständige (positive) Aufmerksamkeit, um sich immer wieder zu versichern, gesehen, gemocht und sicher mit mir verbunden zu sein. Als ich durch meine Therapie begann mehr auf mich selbst zu schauen und Grenzen zu setzen, stieß ich ihn damit regelrecht vor den Kopf. Alex war es gewohnt, berufliche Gedankengänge und Sorgen wieder und wieder mit mir zu teilen (während er mir nur sehr bedingt zuhören konnte). Als ich irgendwann sagte, dass ich nicht mehr zuhören wollte bzw. könnte, weil mich gewisse Themen nicht interessierten (oder schon x-mal besprochen worden waren) – konnte er es kaum fassen. Und mir fiel es schwer, seine Reaktion zu ertragen, denn Grenzen zu setzen fühlt sich zu Beginn einfach nur schrecklich an.

Wir haben beide in den letzten Jahren viel dazugelernt, emotional und im Hinblick auf unsere Beziehung. Wir haben uns beide auf eine Art und Weise kennengelernt, dass es möglich ist, uns selbst und einander zu lieben. Wir können nun beide unsere Bedürfnisse und Gefühle besser und zeitnaher (kein Brodeln mehr, kein Beleidigtsein) artikulieren und sind immer noch dabei zu lernen, wie man streitet und ein »Nein« ohne schlechte Gefühle hinnimmt. Das ist vermutlich auch die Basis für das gegenseitige Vertrauen, von dem ich weiter oben geschrieben habe.

Wer sich selbst vertraut, dem fällt es auch leichter, dem eigenen Streben nach Unabhängigkeit nachzugeben. Ich spüre keine bohrende Einsamkeit mehr, wenn Alex weg ist, und er hat kein schlechtes Gewissen mehr, wenn er seinen Hobbys nachgeht. Als Stressverstärker zeigt sich der Wunsch nach Autonomie jedoch, wenn jemand überhaupt keine Bindung eingehen kann – beispielsweise aus Angst, enttäuscht zu werden oder enttäuschen zu müssen. Die Angst davor, »schwach« zu sein, Hilfe zu brauchen oder von jemand anderem abhängig zu sein, kann ebenfalls enormen Stress verursachen. Denn dann muss ich vertrauen, und das obwohl ich es möglicherweise gar nicht kann, da ich es nie gelernt habe. An dieser Stelle schließt sich der Kreis: Denn wer um jeden Preis unabhängig bleiben muss, weil er niemandem voll und ganz vertrauen kann (auch sich selbst nicht), der muss durchhalten. Muss die Zähne zusammenbeißen, die Fassade aufrechterhalten, seine Grenzen überschreiten, seine Bedürfnisse verdrängen – bis zur totalen Erschöpfung.

Diesen emotionalen Stressverstärkern auf die Spur zu

kommen, ist sehr schwierig und alleine fast unmöglich. Sie sind unbewusst so tief verankert, dass es genauso lange dauert, sie aufzudecken, wie es dauert, sie zu verändern. Aber es funktioniert – mit (therapeutischer) Hilfe und in ganz kleinen Schritten (viele Rückschritte mit eingeschlossen). Wenn in heutigen Krisenzeiten gerade im Internet oft mit schnellen Versprechungen gelockt wird – »Sie müssen nur Ihr Mindset ändern« oder: »Mit einfachen Schritten negative Emotionen bewältigen, nie wieder Angst und Wut« –, dann kann ich nur mit dem Kopf schütteln. Einfach geht gar nichts. Sich selbst zu verstehen, Verstand und Körper, Herz und Hirn wieder zusammenzuführen, benötigt Zeit und Engagement (wobei auf die Pausen nicht vergessen werden darf).

4.2. Trauer als Superkraft

Trauer ist ein nicht besonders beliebter Zustand. Die Trauer eines anderen ist kaum zu ertragen, deshalb sollte sie möglichst schnell »verarbeitet« werden, und selbst hofft man, möglichst lange davon verschont zu bleiben. Ich schreibe bewusst von einem Zustand und nicht von einem Gefühl, denn Trauer beinhaltet sehr viele Emotionen. Wer trauert ist nicht einfach nur traurig. Gerade in der Anfangsphase nach einem Verlust erlebt man viele negative Gefühle in voller Schwere: Traurigkeit, Verzweiflung, Ohnmacht, Wut, Scham, Leere. Trauern ist nichts Schönes, Trauern ist extrem hart. Trauer umfasst einen Menschen mit jeder Faser seines Körpers und in allen Lebensbereichen. Trauer kann gerade in den ersten Wochen, aber auch in den Monaten und Jahren nach einem schweren Verlust nie abgelegt werden. Sie ist eine ständige Begleiterin, manchmal lauter, manchmal leiser.

Doch zu trauern bedeutet nicht, nur negative Emotionen zu empfinden: Gefühle der Freude, der Zugehörigkeit, der Geborgenheit, des Geliebtwerdens, des Lieben-Könnens, der Erleichterung gehören genauso dazu. Auch wenn diese Momente in der ersten Phase des allumfassenden Trauerns noch rar sind. Viele Menschen schämen sich sogar dafür, so zu empfinden, und unterdrücken ihre positiven Gefühle, um Erwartungen zu erfüllen, die unsere Gesellschaft (vermeintlich) vorgibt. Wer nicht unter der Last der Trauer zusammenbricht, wer nicht »genug« trauert, gerät auch schnell einmal unter Verdacht, ein schlechter Mensch zu sein. Gefühlskälte, Bitterkeit – das sind Attribute, die niemand über sich hören möchte.

Ich habe die Phase der allumfassenden Trauer als sehr schwer erlebt und nach rund zwei Monaten darauf gehofft, dass es doch endlich ein wenig leichter werden möge. Gleichzeitig fühlte ich mich in dieser Zeit aber auch sehr getragen durch die Hilfe von FreundInnen und Familie. Wir wurden von vielen in unserem Schmerz gesehen und verstanden. Und wir bekamen so etwas wie eine »Auszeit« zugesprochen: In tiefer Trauer muss der Mensch nicht funktionieren. In tiefer Trauer darf ein Mensch auch von seinen Gefühlen überwältigt werden. An Trauer ist nichts Schönes, aus Trauer muss auch nichts erwachsen, aus Trauer muss nichts gelernt werden – sie darf einfach sein.

Doch Letzteres klingt wesentlich einfacher, als es ist. Wir haben in den vorangegangenen Kapiteln schon ausführlich darüber geschrieben, dass wir in unserer Gesellschaft nicht gelernt haben, mit Gefühlen umzugehen. Sie zu ertragen, als Botschaften unseres Organismus zu deuten, und sie nicht ständig zu unterdrücken. Mit Trauer umzugehen, scheint da den meisten Menschen am schwersten zu fallen, vermutlich weil Trauer so viele unterschiedliche Gefühlszustände mit sich bringt. Neben einem/einer Trauernden fühlen sich viele hilflos, da wir gelernt haben, alles zu tun, um ein negatives Gefühl wieder verschwinden zu lassen – bei uns selbst und bei anderen.

Die Trauerbotschafterin Megan Devine hat ein Buch geschrieben, das im Englischen den treffenden Titel trägt: »How to carry what can't be fixed«. Wie können wir ertragen, was nicht wiedergutzumachen ist? Niemand kann einen verstorbenen Menschen wieder lebendig machen, und niemand kann etwas daran ändern, dass dieser Mensch seinen Angehörigen schmerzlich fehlt. Dass sich da eine Lücke im Leben aufgetan hat, die mit nichts zu schließen ist, die sich niemals schließen wird.

Denn als unsere Tochter gestorben ist, haben wir ja nicht nur sie verloren, sondern unser ganzes zukünftiges Leben mit ihr. Sie fehlt nicht nur bei jedem Meilenstein, den ihre Geschwister oder wir selbst erreichen, sie fehlt jeden Tag oft in ganz alltäglichen Situationen. Ich kann ihr nicht erzählen, dass es neue ABBA-Songs geben wird. Dabei war unsere gemeinsame Leidenschaft vor dem Suizidversuch durch den »Mamma Mia«-Film gerade wieder voll entbrannt. Wir hatten uns für das Karaoke-Spiel »Singstar« die Abba-CD gekauft und uns mit voller Inbrunst singend vor dem Bildschirm im Wohnzimmer duelliert.

Jeden Tag, wenn ich meinen Laptop aufklappe, sehe ich ein ganz verzerrtes Bild von Nina als Hintergrund. Wir hatten uns einen Spaß daraus gemacht, eine App zur Bildbearbeitung auszuprobieren und ganz fürchterlich verdrehte Porträts von uns anzufertigen. Das war nicht lange vor ihrem Suizidversuch gewesen. Wir hatten gemeinsam so herzhaft gelacht, und Nina hatte eines ihrer Fotos an meinem Computer als Hintergrundbild installiert. Wenn ich heute dieses Bild von ihr betrachte, dann überkommt mich meistens zuallererst ein tiefes Gefühl von Liebe. Sie ist mir dann so unglaublich nah, und ich genieße diese besondere Art der Beziehung zu meiner verstorbenen Tochter fast.

Doch oft taucht fast gleichzeitig eine große Wehmut auf. Warum hatte das alles nur so kommen müssen? Sie fehlt uns so! Doch nicht mehr jede Minute, nicht mehr jede Stunde, nicht mehr jeden Tag und auch nicht mehr jede Woche. Unsere Trauer hat sich verändert, aber sie ist noch immer da. Jetzt wird ganz deutlich, dass Trauer eben nicht nur Traurigkeit bedeutet. Trauer ist für mich heute eine Verschmelzung von positiven und negativen Gefühlen auf eine Art und Weise, die mir inzwischen eine besondere Kraft gibt.

Das war lange nicht so. Meine Trauer hat mich oft schwach gemacht, ich habe auch depressive Phasen durchlebt, in denen ich es ohne Medikamente nicht geschafft hätte, weiterzumachen. Es ist uns wichtig, an dieser Stelle ganz klar zu betonen, dass – obwohl wir uns in diesem Buch so viel mit Regulation, Selbstfürsorge und Gefühlslernen beschäftigen – es von immenser Bedeutung ist, in gewissen Situationen medikamentöse Hilfe anzunehmen. Denn andere therapeutische Schritte sind oft nur möglich, wenn man durch Medikamente wieder einigermaßen stabilisiert ist.

Gerade im Zusammenhang mit meiner Trauer hat mich der Versuch, unangenehme Gefühle zu unterdrücken, extrem viel Energie gekostet. In den ersten Monaten gab ich mir quasi die Erlaubnis, alles zu fühlen, denn es ging ja gar nicht anders, doch das änderte sich, als die Phase der allumfassenden Trauer vorbeiging. Es war mir zwar klar, dass ich nie wieder dieselbe Person sein würde wie vor Ninas Suizidversuch, doch ich erkannte zunächst nicht, welche alten Glaubens- und Verhaltensmuster in mir wirkten. Obwohl ich so vieles an mir schon in unzähligen Therapiestunden analysiert hatte. Doch diese Muster hatten zu Beginn meines Lebens einen Sinn, und sie hatten es nach Ninas Tod ebenfalls: Sie beschützten mich. Sie schützten mich in diesem Moment davor, dass das Trauma um Ninas langwieriges Leiden und ihren Tod nicht mit den traumatischen, unbewussten Erinnerungen meiner Kindheit verschmolz. Das tat es zwar ohnehin, aber nicht als bewusste, zerstörerische Kraft, die mir jeden Lebensmut genommen hätte. Dieses bohrende, lebensbedrohliche Gefühl des Alleinseins, des Im-Stich-gelassen-Seins, für das ich lange keine Erklärung fand.

In meiner Trauer übernahm die Wut, der Kampfgeist das Kommando und legte sich über die endlose Traurigkeit. Ich bekämpfte das Gefühl des Nicht-gesehen- oder Nicht-verstanden-Werdens mit dem Ringen um Verständnis und Achtsamkeit. Ich beendete den Schmerz der Nichtbeachtung, indem ich gewisse Menschen selbst nicht mehr beachtete und viele Beziehungen auflöste. Das war Selbstschutz, der für sich unheimlich schmerzte, denn was gibt es Schlimmeres im Leben, als weitere Menschen zu verlieren, wenn man sich ohnehin einsam und verlassen fühlt?

Trauer hat nicht nur mit gesellschaftlichen Konventionen,

sondern ganz viel mit einem selbst zu tun – mit Bindungserfahrungen, Regulationsmustern, emotionalen Verstärkern und dem Umgang mit den eigenen Gefühlen. Trauern und gleichzeitig gegen die eigenen Gefühle anzukämpfen, kostet unheimlich viel Kraft. Ich konnte regelrecht spüren, wie alle meine Systeme auf Alarm schalteten, wenn ich mich mit meinen FreundInnen zur Mittwoch-Wanderrunde traf. Da gab es jene, die forschen Schrittes vorauseilten, weil sie meine Trauer nicht mehr mittragen wollten, und da waren jene, die bewusst nachfragten, wie es mir gehe. Ich konnte beides kaum verkraften: Die Unfähigkeit und Ignoranz der einen machte mich wütend, die Empathie der anderen ließ mich fürchten, meine Beherrschung zu verlieren. Denn das wollte ich am allerwenigsten: vor anderen Menschen weinend zusammenbrechen. Wie oft war mir danach zumute gewesen! Wie oft hatte ich mich nach einer Umarmung gesehnt! Aber ich konnte das nicht zeigen, hatte Angst, zur Last zu fallen – denn dann würden sie sich ja möglicherweise von mir abwenden.

Ich lernte, negative Gefühle, wie Wut, Traurigkeit und Angst, für meine Mitmenschen »verträglich« zu dosieren. Und sah auf der anderen Seite nicht, dass ich einerseits mein wahres Ich versteckte und andererseits den anderen viel zu wenig (zu)traute. Sie bekamen gar nicht die Chance, mich in meiner Trauer festzuhalten. Auch als Ehepartner verhielten wir uns so. Es galt die unausgesprochene Abmachung, dass wir niemals gleichzeitig »schwach« sein durften, einer musste immer stark bleiben, um das Familiensystem aufrechterhalten zu können. Da Alex derjenige von uns war, der Traurigkeit oder Ängstlichkeit offener zeigen konnte, bekam ich das Gefühl, ich müsste ständig »die Starke« sein. Denn »Starksein« bedeutete für mich ja, unangenehme Emotionen verdrängen zu können.

Alex hatte mit Ninas Grab einen Platz gefunden, an denen er seinen Tränen freien Lauf lassen konnte. Ich war so bedacht darauf, meine Gefühle aus Angst, sie könnten in einem »unpassenden« Moment herausplatzen, zu beherrschen, dass ich irgendwann gar nicht mehr weinen konnte.

Mir half der Zorn. Mit ihm fühlte ich mich lebendig, mit ihm konnte ich weitergehen und vorwärtskommen. Traurig zu sein, hätte bedeutet, innezuhalten und den Schmerz zu spüren. Wut ist ein Antreiber, der allerdings sehr viel Kraft kostet. Der erste Schritt in meiner therapeutischen Körperarbeit war es daher, in einem sicheren Rahmen hinter die Wut zu schauen. Und da spürte ich zum ersten Mal ganz deutlich, welche Erleichterung es für meinen ganzen Organismus war, bewusst zu trauern. Wie sich die Anspannung löste, der Alarmzustand sich abschwächte, wie ruhig ich nach dem Weinen wurde.

Mir selbst zuzugestehen, dass Trauer nie aufhört, dass sie für immer ein Teil meines Lebens sein wird und ich nicht darum kämpfen muss, die dazugehörigen negativen Gefühle zu verdrängen, brachte eine Leichtigkeit zurück, die ich lange nicht mehr gekannt hatte. Denn plötzlich stand mir jene Energie zur Verfügung, die ich zuvor in das Verbergen und Unterdrücken meiner Emotionen gesteckt hatte. Erst diese zusätzliche, mir ja bereits innewohnende Energie gab mir die Kraft und die Möglichkeit zur weiteren Veränderung.

Trauer kann nicht verarbeitet, losgelassen oder »repariert« werden. Trauer ist eine Superkraft, wenn man sie in sein Leben integriert wie jedes andere Gefühl auch. Meine Trauer um meine Tochter ist Ausdruck meiner Liebe zu ihr. Und diese wird nie aufhören. Aber der Zustand der Trauer hat sich über die Jahre verändert. Der Verlustschmerz ist erträglich geworden, die Wehmut bleibt. In den Monaten des ersten Lockdowns, also rund sechs Jahre nach Ninas Suizidversuch, schafften wir es zum ersten Mal seit ihrem Tod, alte Urlaubsfotos und Filme anzuschauen, auf denen sie zu sehen ist. Davor war es für uns beide fast undenkbar, in Erinnerungen an die Zeit vor dem Unglück zu schwelgen. Nina jetzt auf unserem großen Bildschirm zu sehen, wie sie lachte, mit ihren Geschwistern zusammen Spaß hatte, war unglaublich schön und herzerwärmend. Gleichzeitig tat es aber immer noch ungeheuer weh.

Diese Gleichzeitigkeit zu ertragen war schwer, aber sie wurde mit der Zeit leichter und immer selbstverständlicher. Im Bewältigen dieser Gleichzeitigkeit liegt die Superkraft der Trauer verborgen. Zu wissen, dass ein Verlust, ein Abschied zwar schmerzt, aber nicht das Ende bedeutet. Nina ist heute immer bei mir, wir haben ein ganz besonderes Verhältnis, das genauso eng ist wie mit unseren anderen Kindern. Sie ist in meinem Herzen, aber nicht immer in meinem Bewusstsein. Würde sie noch leben und erwachsen sein, lebte sie ja auch ihr eigenes Leben. Ich lasse sie genauso »los« wie meine anderen Kinder, wenn sie selbständig ihrer Wege gehen. Aber ich vergesse sie nicht, ich tue nicht so, als hätte es sie nie gegeben – so wie dieses »Loslassen« manchmal von unwissenden Menschen interpretiert wird.

Was ich mir in den letzten Jahren am meisten von meinen Mitmenschen gewünscht hätte ist, dass sie mehr über Nina gesprochen hätten. Ich kann mich noch gut an einen Urlaub mit FreundInnen auf einer wunderschönen italienischen Insel erinnern. Es war für mich schwer zu ertragen, dass ständig von den Töchtern anderer geredet wurde und ich das Gefühl hatte, Ninas Namen nicht erwähnen zu dürfen. Das Aussprechen ihres Namens war, als würde die Büchse der Pandora im Paradies geöffnet. Natürlich, wir wollten doch entspannen, uns erholen – da passten Themen wie Tod, Verlust, Suizid, Depression nicht zum Urlaubskonzept. Ninas Name stand gleichbedeutend für diese schweren Themen, dabei hätte ich so gerne erzählt, wie stolz ich auf sie gewesen war, welche Talente und wie viele Interessen sie gehabt hatte, wie musikalisch sie gewesen war. Ninas Name bringt in Gesellschaft bis heute immer eine kleine, kaum bemerkbare Zäsur in der Stimmung aller mit sich. Eine kleine Pause, ein kurzes Atem-Anhalten, in der die Ängste der anderen mit den meinen unbewusst zusammenprallen.

Dieser Moment erinnert an all die »second losses«, an all die zusätzlichen Verluste, die mit dem Tod eines geliebten Menschen einhergehen und die von den wenigsten beachtet werden. Es ist der Verlust eines Lebenskonzeptes, der Verlust von Freunden, von Familienmitgliedern, der Verlust einer gemeinsamen Zukunft und der Verlust einer gewissen Naivität – dass sich Tod und Leid von mir fernhalten und nur die anderen treffen.

Von dieser Naivität mussten sich auch viele Menschen in der Corona-Pandemie verabschieden. Da gibt es plötzlich ein Virus, das höchst ansteckend ist und jeden treffen kann. Von dem niemand weiß, wie schwer er oder seine Lieben betroffen sein werden. Auch wir hatten große Angst, wieder jemanden zu verlieren. Doch wir hatten gelernt, dass es besser ist, sich dieser Angst zu stellen, als sie zu verdrängen.

Trauer ermöglicht Abschied, Trauer ermöglicht einen Neubeginn. Trauer macht das Ertragen gegensätzlicher Gefühle möglich. Niemand wird durch ein unbedachtes Wort an seine Trauer erinnert, denn sie ist ohnehin immer (bewusst oder unbewusst) da. Manchmal tut Ablenkung gut, aber nicht als Tanz auf Eierschalen. Trauer zu durchleben gibt Kraft, in der Trauer von jemandem gehalten zu werden auch: kein Gut-Zureden, kein Trösten, wofür es keinen Trost gibt, kein Relativieren (aber immerhin …) – einfach nur füreinander da sein, beim Zuhören oder in Stille.

Als ich gelernt hatte, mich in meiner Trauer zu halten, gelang es mir auch, mich meiner größten Angst zu stellen: nicht angenommen zu sein, im Stich gelassen zu werden. Ich betrauerte dieses kleine hilflose Wesen in mir, hielt es fest und ließ es weinen. Ich betrauerte die Kindheit, die so anders verlaufen war, als ich es mir gewünscht hatte. Ich betrauerte den Lebensentwurf, der daraus entstanden und nicht in Erfüllung gegangen war. Und fand dadurch zu innerer Ruhe und Zufriedenheit.

Das klingt jetzt sehr pathetisch, aber dennoch glaube ich, dass eine bewusste Kultur des Trauerns in unserer leistungsorientierten Gesellschaft viel Erleichterung bringen würde. Denn nicht nur der Tod eines geliebten Menschen, sondern auch andere krisenhafte Verluste sollen und dürfen betrauert werden: der Verlust der finanziellen Sicherheit, der Verlust einer Beziehung, der Verlust eines Lebensentwurfs, der Verlust von Sicherheit, der Verlust von Gesundheit, der Verlust von Unbeschwertheit. Es gibt Krisen im Leben eines Menschen, gegen die man zwar lange ankämpfen kann, die sich aber dennoch nicht abwenden lassen. Das kann eine schwere Erkrankung genauso sein wie ein riesiger Schuldenberg. Mit (Be)trauern meinen wir auch nicht, vorzeitig aufzugeben und nicht zu kämpfen. Irgendwann ist es aber unausweichlich, innezuhalten und Kräfte zu sammeln, um sich anpassen und möglicherweise sogar neu orientieren zu können. Auch wenn das beispielsweise im schlimmsten Fall einer tödlichen Diagnose bedeutet, die noch verbleibenden Lebensmomente bewusst genießen zu wollen.

Wir dachten, uns bliebe noch viel mehr Zeit mit unserer Tochter, als sie im Wachkoma lag. Wir führten jeden Tag einen Kampf um die besten Therapien, die beste Betreuung, um jedes leiseste Zeichen der Genesung. Was ich heute am schmerzlichsten vermisse ist, dass wir kaum Zeit hatten, einfach mit ihr eng zusammenzusein. Neben ihr zu liegen, sie zu halten, zu kuscheln, sie zu spüren, sie zu nehmen, wie sie damals war. Denn sie war und bleibt unsere innigst geliebte Tochter Nina.

Quellen und weiterführende Literatur

Bode, Sabine: *Die vergessene Generation. Die Kriegskinder brechen ihr Schweigen.* Stuttgart: Klett-Cotta Verlag, 32. Auflage 2017

Bode, Sabine: *Kriegsenkel. Die Erben der vergessenen Generation.* Stuttgart: Klett-Cotta Verlag, 23. Auflage 2017

Bode, Sabine: *Nachkriegskinder. Die 1950er Jahrgänge und ihre Soldatenväter.* Stuttgart: Klett-Cotta Verlag, 10. Auflage 2017

Dana, Deb: *Arbeiten mit der Polyvagal-Theorie. Übungen zur Förderung von Sicherheit und Verbundenheit.* Lichtenau/ Westfalen: G.P. Probst Verlag, 2020

Devine, Megan: *Es ist okay, wenn du traurig bis. Warum Trauer ein wichtiges Gefühl ist, und wie wir lernen, weiterzumachen.* München: mvg Verlag, 3. Auflage 2020

Dröge, Anette: *Fühlen ist gesund. Heilung durch die Balance von Körper, Seele und Immunsystem.* Bielefeld, Munderfing: Verlag Fischer & Gann in Kamphausen Media GmbH, 2019

Egorov, Dr. Egor: *Zelltraining. Mit Hypoxie entspannt mehr Energie gewinnen.* Köln: Egoro Verlag- und Media UG, 2020

Fischer, Karin; Nibel Dr. Hildegard: *Neurogenes Zittern. Stress & Spannungen lösen. Das Original-TRE-Übungsprogramm.* Stuttgart: TRIAS Verlag in Georg Thieme Verlag KG, 2020

Gibson, Lindsay C.: *Kalte Kindheit. Wie wir trotz unemotionaler Eltern Wärme im Leben finden.* München: Kailash Verlag, 2018

Grüber, Dr. Isa: *Was der Körper zu sagen hat. Ganzheitlich gesund durch achtsames Spüren. Stress- und Traumabewältigung mit Somatic Experiencing (SE).* Murnau a. Staffelsee: Mankau Verlags GmbH, 3. Auflage 2021

Habib, Navaz: *Aktivieren Sie Ihren Vagusnerv. So stärken Sie Ihren Selbstheilungsnerv bei Darmproblemen, Entzündungen, Autoimmunerkrankungen, Ängsten, Depressionen und innerer Unruhe.* Kirchzarten bei Freiburg: VAK Verlags GmbH, 2019

Hone, Lucy PhD: *Resilient grieving. Findig strength und embracing life after a loss that changes everything.* New York: The Experiment, LLC, 2017 (englischsprachig)

Kaluza, Gerd: *Gelassen und sicher im Stress. Das Stresskompetenz-Buch: Stress erkennen, verstehen, bewältigen.* Berlin, Heidelberg: Springer-Verlag GmbH, 7. und korrigierte Ausgabe 2018

Levine, Peter. A. u.a.: *Trauma Heilung: Das Erwachen des Tigers. Unsere Fähigkeit, traumatische Erfahrungen zu transformieren.* Essen: Synthesis Verlag, 1998

Maerker, Andreas: *Trauma und Traumafolgestörungen.* München: Verlag C. H. Beck OHG, 2017

Paul, Chris: *Ich lebe mit meiner Trauer.* Gütersloh, München: Gütersloher Verlagshaus in der Verlagsgruppe Random House, 2. Auflage 2018

Paul, Chris: *Warum hast du uns das angetan? Ein Begleitbuch für Trauernde nach einem Suizid.* Gütersloh, München: Gütersloher Verlagshaus in der Verlagsgruppe Random House, 2018

Porges, Stephen W.: *Die Polyvagal-Theorie. Neurophysiologische Grundlagen der Therapie. Emotion, Bindung, Kommunikation und ihre Entstehung.* Paderborn: Junfermann Verlag, 2010

Rosenberg, Stanley: *Der Selbstheilungsnerv. So bringt der Vagus-Nerv Psyche und Körper ins Gleichgewicht.* Kirchzarten bei Freiburg: VAK Verlags GmbH, 6. Auflage 2019

Schnack, Dr. Gerd: *Der große Ruhe-Nerv. 7 Sofort-Hilfen gegen Stress und Burnout.* Freiburg im Breisgau: Verlag Herder GmbH, 2016

Seidel, Christine: *Wenn die Seele nicht heilen will. Wie alte Verletzungen zu (Re-)Traumatisierung führen können und wie man sie überwindet.* München: mvg Verlag, 2. Auflage 2021

Tomuschat, Julia: *Finde die Liebe, die dir als Kind gefehlt hat. Wie wir uns selbst die Sehnsucht nach elterlicher Liebe erfüllen.* München: Gräfe und Unzer Verlag GmbH, 2021

Van der Kolk, Bessel: *Verkörperter Schrecken. Traumaspuren in Gehirn, Geist und Körper, und wie man sie heilen kann.* Lichtenau/Westfalen: G.P. Probst Verlag, 6. Auflage 2019

@gegenwart.gestalten
@erklaerungsnot
@psycho_dingsbums
@mind.corner
@selfapy
@psychologie_blickwinkel
@raffaelakellner_psychotherapie
@refugeingrief (Megan Devine)
@dr.leahkatz
@realdepressionproject
@bravelytoghether
@the_depression_chronicles11
@innerglowtherapy
@somaticloveandhealing

Webseiten

www.instahelp.me

www.franziskabartels.de
(Psychologischer Umgang mit Migräne)

Lesen Sie auch:

Angela und
Alexander Pointner

MUT ZUM ABSPRUNG

ISBN: 978-3-902924-33-9

Angela und
Alexander Pointner

MUT ZUR KLARHEIT

ISBN: 978-3-902924-69-8

Homepage: www.alexanderpointner.at
Facebook und Instagram: Angela Pointner, Alexander Pointner